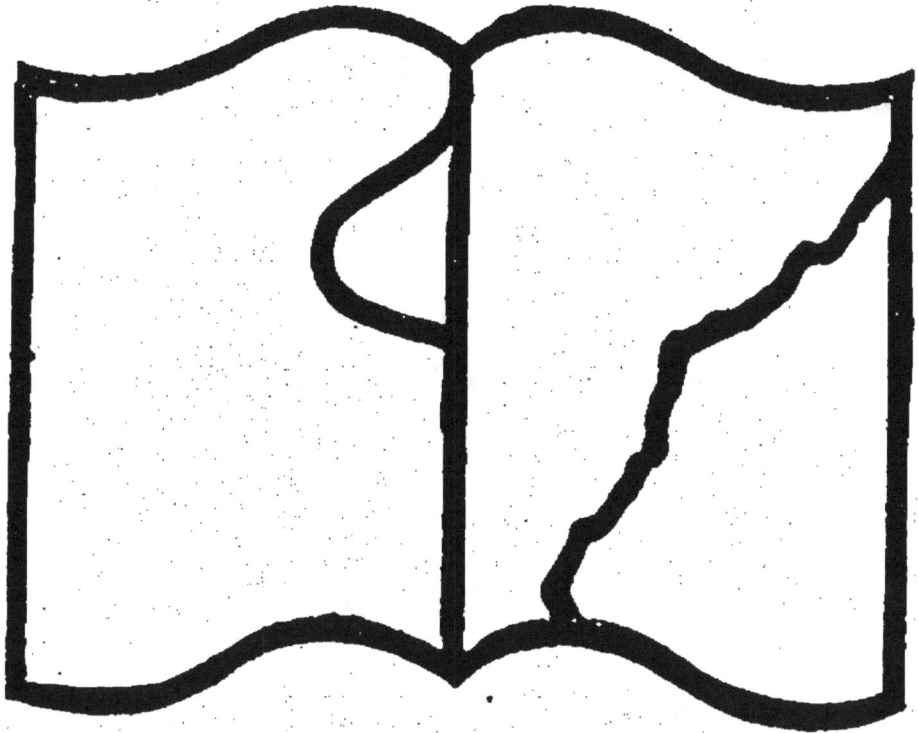

Texte détérioré — reliure défectueuse

NF Z 43-120-11

...SES AUX QUESTIONS

SUR

L'HISTOIRE DE LA PHILOSOPHIE

POUR LE

SECOND EXAMEN

DU

BACCALAURÉAT ÈS LETTRES

d'après l'arrêté du 22 Janvier 1885

PAR

E. GASC-DESFOSSÉS

Licencié ès Lettres
Professeur de Philosophie

❦

PARIS

CROVILLE-MORANT & FOUCART

ÉDITEURS

20, RUE DE LA SORBONNE

DU MÊME AUTEUR : Réponses aux questions de *Philosophie* du programme du Baccalauréat ès lettres.

RÉPONSES AUX QUESTIONS

SUR

L'HISTOIRE DE LA PHILOSOPHIE

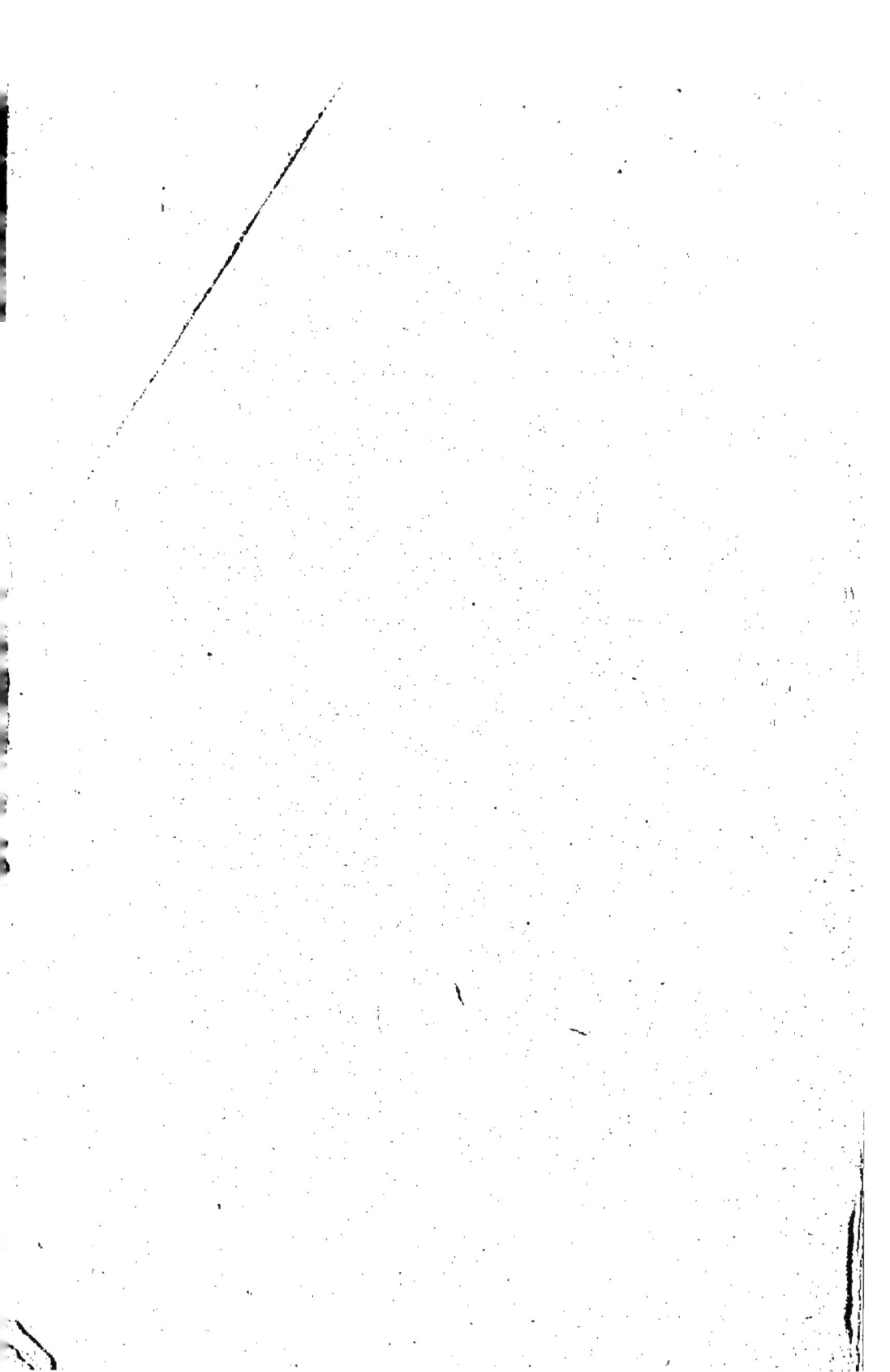

RÉPONSES AUX QUESTIONS

SUR

L'HISTOIRE DE LA PHILOSOPHIE

POUR LE

SECOND EXAMEN

DU

BACCALAURÉAT ÈS LETTRES

d'après l'arrêêt du 22 Janvier 1885

PAR

E. GASC-DESFOSSÉS

Licencié ès Lettres
Professeur de Philosophie

PARIS

CROVILLE-MORANT & FOUCART

ÉDITEURS

20, RUE DE LA SORBONNE

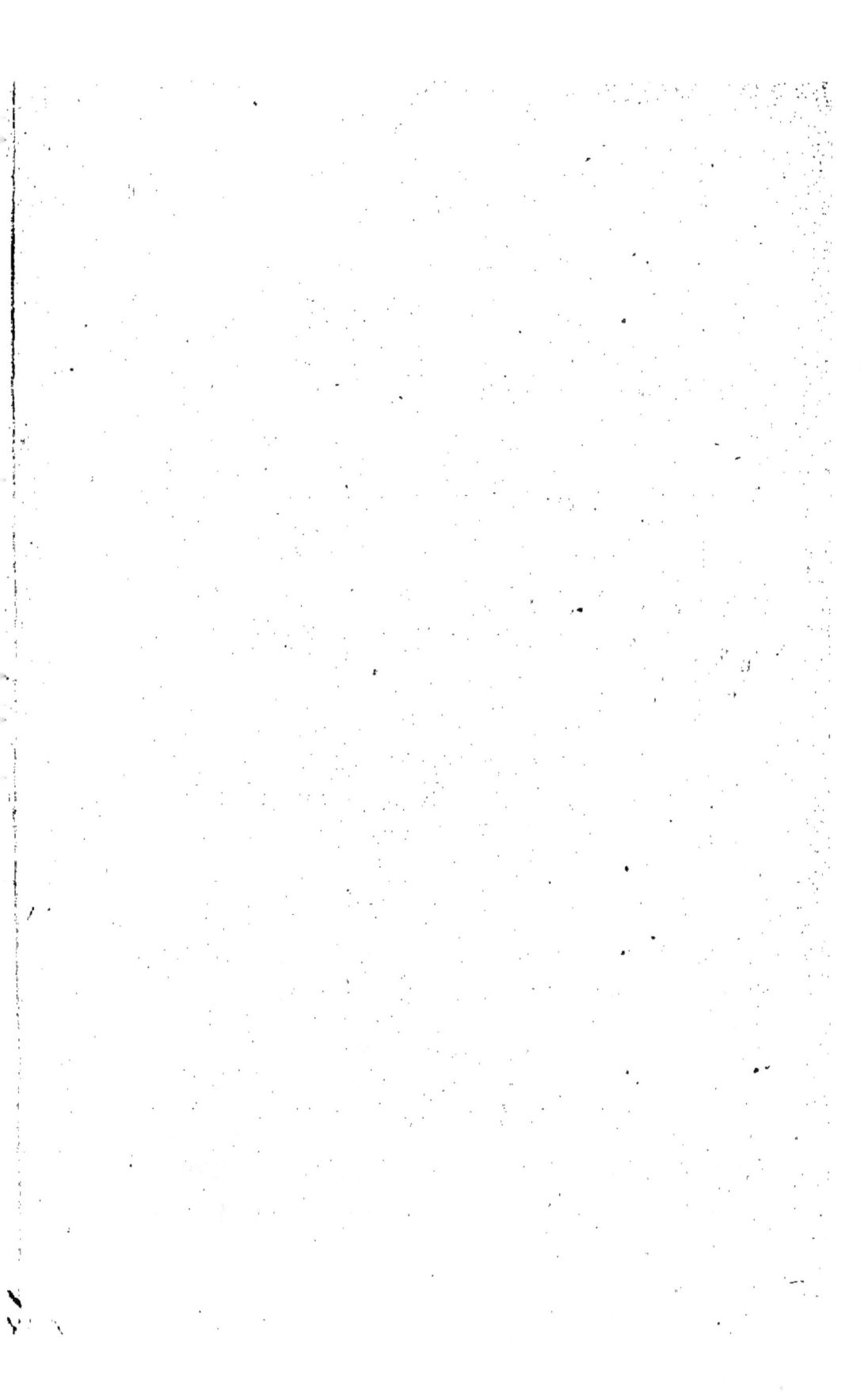

PRÉFACE

On trouvera une partie de ces résumés en petit texte, et l'autre en caractères plus gros : le petit texte correspond aux doctrines non indiquées dans le programme de 1885, et sur lesquelles nous avions moins à insister ; les systèmes au contraire dont l'étude est particulièrement spécifiée dans le programme, sont en caractères plus grands.

Les résumés de toutes les doctrines importantes comprennent : la biographie du philosophe, ses principaux ouvrages, un sommaire de sa doctrine. — Nous avons ajouté au sommaire, pour les doctrines portées spécialement au programme, un tableau synoptique où il est possible d'apercevoir d'un coup d'œil les traits essentiels du système ; des tableaux

généraux ont été faits aussi pour la Philosophie ancienne, la Philosophie scholastique, la
Philosophie moderne. Enfin nous avons donné
à la fin du volume un index alphabétique des
noms des auteurs avec renvois aux pages, qui
peut abréger les recherches. — *C'est en cela
que consiste, croyons-nous, la nouveauté de notre
modeste publication.*

E. G. D.

PRÉLIMINAIRES

But de l'Histoire de la Philosophie. —
L'histoire de la Philosophie se propose : 1º De raconter à grands traits la vie des philosophes, intéressante à connaître par elle-même, et d'expliquer par les événements de leur vie, par leur position sociale, les tendances de leurs *systèmes ;* 2º d'exposer et surtout de juger les *systèmes* philosophiques, en les critiquant à la fois les uns par les autres, et à la lumière d'une doctrine propre qu'on a adoptée.

Des systèmes en philosophie. — Leur classification. — On appelle *système* en général un ensemble d'idées coordonnées en un tout dont les parties se rattachent à une idée générale dominante. *L'esprit de système* est une tendance naturelle de l'esprit humain à coordonner ses connaissances ; on en trouve l'abus dans les divers systèmes, qui tous se placent plus ou moins à un point de vue exclusif.

On classe les systèmes en deux groupes : 1º *Systèmes empiriques*, qui ne s'occupent que des réalités atteintes par l'expérience, c'est-à-dire des faits et phénomènes et de leurs rapports ; ils comprennent le SENSUALISME, le MATÉRIALISME, le NATURALISME ;

— 2º *Systèmes idéalistes*, qui n'envisagent au contraire que les réalités conçues par la raison (substances, causes, notions d'infini, d'absolu, de parfait); l'excès de l'idéalisme est souvent le mysticisme. — Le PANTHÉISME peut résulter de l'une ou l'autre tendance, empiriste ou idéaliste ; de même le SCEPTICISME.

3º Danger de s'en tenir à la préoccupation exclusive d'un point de vue, pourtant vrai en soi. « Les systèmes sont vrais par ce qu'ils affirment, et faux par ce qu'ils nient. » (Leibnitz). Le *spiritualisme* est la conciliation des divers points de vue des philosophies précédentes ; il fait respectivement à l'expérience et à la raison une place légitime.

Division chronologique en périodes. — Trois grandes périodes, caractérisées par des méthodes et des tendances distinctes : 1º Philosophie ancienne ; 2º Philosophie chrétienne (Philosophie des Pères), et du Moyen âge ; 3º Philosophie de la Renaissance, et Philosophie moderne.

PHILOSOPHIE ANCIENNE

Division en deux époques. — On distingue : la Philosophie grecque, et la Philosophie latine.

A. PHILOSOPHIE GRECQUE

Division de la Philosophie grecque. — On la divise en 3 périodes : 1º Ecoles avant Socrate ; — 2º Les Sophistes et la philosophie socratique. — 3º Ecoles d'Alexandrie.

I. ÉCOLES AVANT SOCRATE

Caractère de cette première période. — On l'appelle parfois *cosmologique*, parce que la préoccupation qui y domine est celle d'une explication du monde visible par lui-même. — Elle s'étend de 650 à 450 environ.

Division des Ecoles. — Deux grandes tendances, à chacune desquelles se rapportent deux écoles. — 1º Ecoles *naturalistes* (Ecole Ionienne, Ecole atomistique), 2º Ecoles *idéalistes*, (Ecole Pythagoricienne, Ecole d'Elée).

α. ÉCOLE IONIENNE

Caractère général. — Les philosophes ioniens cherchent l'explication de la nature dans la nature même : c'est pourquoi on appelle leurs doctrines *naturalistes*.

Principaux philosophes. — Thalès considère l'eau comme la substance universelle, qui engendre tout par ses transformations indéfiniment variées (vers 640). — Pour Anaximène (vers 560) et Diogène d'Apollonie, c'est l'air qui est le principe de toutes choses. — Anaximandre (vers 600) reconnaît que les éléments naturels (air, eau, etc.) ne peuvent être que les dérivés d'un principe indéterminé (ἄπειρον), source de toutes les réalités sensibles. — Héraclite (vers 500), enseigne que le feu est le principe universel : tout est emporté par un perpétuel embrasement, donc rien n'existe d'une manière stable et immobile ; tout s'écoule (πάντα ῥέει) et devient.

β. ÉCOLE PYTHAGORICIENNE

Caractère général. — Cette école cherche au-dessus du monde sensible un principe qui l'explique, et croit le trouver dans les nombres, qu'elle considère non comme des lois abstraites, mais comme les seules réalités, « dessinant au sein de l'infini primitif, des formes intelligibles et des figures mesurables. » (Évellin, *Infini et quantité*).

Principaux philosophes. — Pythagore (vers 580) a une double doctrine : métaphysique et morale. En métaphysique il considère les nombres comme expliquant tout ce qui est, en rendant intelligible l'infini primitif. L'unité infinie (Dieu) enveloppe la multiplicité des nombres. En morale, quelques grandes idées (justice, amitié.) Théorie de la métempsychose ou migration des âmes. — LYSIS, PHILOLAÜS, ARCHYTAS, TIMÉE, sont ses disciples.

γ. ÉCOLE D'ÉLÉE

Caractère général. — Tendance opposée au transformisme et à l'*hylozoïsme* (doctrine qui affirme l'unité de la matière ὕλη, et de la vie, ζωή), des Ioniens : au lieu du changement perpétuel des phénomènes se transmutant les uns dans les autres, conception d'une réalité *une* (τὸ ἕν) et immuable, plénitude et perfection de l'être, qui enferme en soi tout ce qui est. La doctrine est un panthéisme idéaliste.

Principaux philosophes. — XÉNOPHANE (vers 550) établit fortement le monothéisme et le panthéisme tout à la fois. — PARMÉNIDE, son disciple, le plus grand des philosophes éléates (vers 480), ne reconnaît lui aussi qu'un Etre unique et absolu, dont il essaie de donner l'idée en le comparant à une sphère parfaite. — ZÉNON, disciple de Parménide (vers 460), est le dialecticien de l'Ecole. Le changement n'est qu'apparence ; l'être a une existence immuable, d'où les arguments contre la possibilité du mouvement (Achille et la tortue, la flèche qui vole immobile... etc.) — MÉLISSUS, vulgarisateur de la doctrine.

δ. DOCTRINES MIXTES SUPRANATURALISTES

— EMPÉDOCLE a une place à part : disciple à la fois des ioniens, surtout des pythagoriciens et des éléates (vers 450). Deux principes de toutes choses : l'*amour* ou attraction, la *haine* ou répulsion, dont l'opposition et la lutte créent tous les mouvements dans le sein des quatre éléments (eau, air, feu, terre). Nous devons tendre à faire triompher en nous et dans le monde l'amour, qui doit vaincre à la fin la haine.

— ANAXAGORE, de même, qu'il ne faut pas rattacher à l'école ionienne, (vers 500). — Deux parties dans sa doctrine : 1° Explication mécanique du monde ; chaque chose se compose d'une infinité de parties similaires ou *homœoméries* (ὁμοιομερείαι), qui s'agrègent en raison de leur similarité. — 2° Mais tout resterait confondu dans un immobile chaos, si l'intelligence divine n'avait introduit un mouvement ordonné dans la confusion des éléments : Νοῦς πάντα διεκόσμησε.

ε. ÉCOLE ATOMISTIQUE

Caractère général. — Matérialisme mécaniste : il n'y a que des atomes matériels, qui se combinent entre eux d'après les lois du mouvement.

Principaux philosophes. — LEUCIPPE (vers 460), connu seulement par la doctrine de son disciple Démocrite.

— DÉMOCRITE (vers 400), enseigne qu'il y a deux principes de toutes choses : le vide ou non-être, l'être ou les atomes. Les atomes sont les éléments insécables (ἄτομοι) des corps, infinis en nombre, éternels, se mouvant eux-mêmes, et se groupant suivant leurs diverses rencontres et les hasards de leur agrégation dans le vide. — L'âme elle aussi est matérielle, mais ses atomes sont ronds, infiniment plus ténus, lisses, et par conséquent toujours mobiles. La connaissance se réduit à la *perception-image*, qui consiste en un contact entre l'organe et l'objet (Théorie des *idées-images*). L'âme, comme tous les composés matériels, est périssable ; les atomes seuls sont éternels.

L'école atomistique ou d'Abdère complète le naturalisme ionien, dont elle a repris et complété les traditions. (On la place d'ordinaire après les écoles idéalistes, parce que c'est sa place au point de vue chronologique : elle emprunte en effet à ces écoles, et aussi surtout à Anaxagore).

II. — LES SOPHISTES

ET LA PHILOSOPHIE SOCRATIQUE

Caractère de cette seconde période. — On l'appelle parfois période *anthropologique;* les philosophes de cette époque en effet, plaçant au second rang la question de l'explication du monde, cherchent d'abord et surtout à expliquer la nature de l'homme.

1° LES SOPHISTES

Caractère général de la Sophistique. — Après les guerres médiques, la puissance, la gloire de la Grèce ont pour conséquences un bien être exagéré, un besoin de jouissances, l'abandon des anciennes traditions, des vieilles mœurs, des antiques croyances, l'ébranlement des principes fondamentaux de la morale et de la société. Le succès est alors aux plus habiles, et l'éloquence captieuse, qui trompe et séduit en éblouissant, prend peu à peu la place de la pensée sincère et convaincue. D'ailleurs les oppositions et les contradictions des systèmes engendrent une sorte de scepticisme. Les *Sophistes* (σοφίζομαι, *faire profession de savoir*), personnifient parfaitement cet état de la société grecque. Ils n'ont aucune conviction, subordonnent tout à l'intérêt, et font de la parole un instrument de fortune et de puissance par le mensonge : le succès, voilà le but qu'ils se proposent et la doctrine qu'ils enseignent, en prétendant enseigner la science politique. «Le Sophiste est celui qui gagne de l'argent au moyen d'une science apparente et non réelle. » (Aristote) (1).

Les Sophistes sont surtout connus par les dialogues de Platon, où nous les voyons aux prises avec Socrate, (le *Protagoras*, le *Sophiste*, le *Ménon*, le *Lysis*, le *Gorgias*, etc.)

---

(1) Les Sophistes ont joué cependant un rôle utile, en inaugurant la libre discussion, et en y habituant les esprits, en attirant l'attention sur d'intéressants problèmes non encore abordés et surtout sur l'analyse de l'esprit humain, enfin, en provoquant par leurs doctrines la dialectique de Socrate.

Principaux Sophistes. — GORGIAS le Léontin, né en Sicile, 485, illustre professeur d'éloquence ; poussant à bout l'idéalisme éléate, il enseigne que *rien n'est* (οὐδέν ἐστι), il n'y a que des apparences. Trois thèses : 1° rien n'existe en soi ; — 2° même si quelque chose existait, il ne pourrait être connu ; — 3° même s'il pouvait être connu il ne pourrait être exprimé. — PROTAGORAS d'Abdère, (vers 480-410) ; déclare que tout se réduit à des phénomènes fugitifs, et qu'il n'y a pas d'autre réalité que ce qui paraît à l'opinion de chacun, πάντων μέτρον ἄνθρωπος. C'est la théorie de la *relativité univer-selle*, conséquence dernière de l'empirisme ionien. — HIPPIAS d'Elis ; PRODICUS de Céos, connu surtout par ses allégories morales (Hercule entra la Volupté et la Vertu).

2° SOCRATE ET LES DISCIPLES IMMÉDIATS DE SA DOCTRINE

α SOCRATE (470-399).

Biographie. — Né en 470 à Athènes ; son père, Sophronisque, était sculpteur, et sa mère Phénarète, sage-femme ; il exerça d'abord la profession de son père, puis se consacra tout entier à la philosophie. Il passait sa vie dans les rues et les places publiques, conversant

avec tous sans distinction, et s'efforçant sur
tout de discréditer l'enseignement funeste de
sophistes. La hardiesse de ses attaques, contr
les sophistes alors puissants, contre la cor
ruption des mœurs d'Athènes, et contre le
abus de la démocratie, lui attira beaucou
d'ennemis : trois des plus acharnés, le poète
Mélitus, un riche citoyen Anytus, et l'orateur
Lycon, l'accusèrent d'impiété, et de corruption
de la jeunesse, devant le tribunal des Héliastes,
Socrate brava ses accusateurs et ses juges,
s'énergueillit des griefs portés contre lui, et
demanda, en récompense de ses services, à
être nourri au Prytanée aux frais de l'Etat.
Condamné à boire la ciguë, il mourut en vrai
martyr de sa doctrine, plein de sérénité et de
calme au milieu de ses amis (Voy. le *Phédon*
de Platon), 399.

**Idée générale de la philosophie de
Socrate.** — Deux parties dans la philosophie de Socrate : 1° *Critique* ; — 2° *Dogmatique*.

I. — La partie critique est constituée par sa
lutte contre les sophistes. — « Le Sophiste,
dit Platon dans le dialogue de ce nom, est un
chasseur de jeunes gens riches, se faisant bien

payer ; un commerçant faisant négoce des connaissances à l'usage de l'âme ; un fabricant de sciences ; un athlète de paroles. » Socrate entreprit de réfuter le scepticisme spéculatif et moral de ces adversaires de toute vraie philosophie, et établit contre eux la possibilité de la science et de la morale.

II. — Partie dogmatique : *Méthode ; — Psychologie* et *Morale,* et *Politique ; — Esthétique ; — Théodicée.*

(a) **Méthode.** — Socrate affecte de ne pas avoir d'enseignement dogmatique : il cause avec ses interlocuteurs, feignant de chercher avec eux, les interrogeant adroitement, et les amenant finalement aux conclusions où il veut les conduire. Deux procédés : 1° avec les sophistes ses ennemis, il emploie l'*ironie* (εἰρωνεία) faux semblant d'ignorance, persiflage dissimulé, grâce auquel il les met en contradiction avec leurs principes, et les force à confesser la vérité ; — 2° avec ses disciples la *maieutique* ou accouchement des esprits (allusion souvent répétée à l'humble profession de sa mère), par laquelle il les amène toujours par voie d'interrogation, à découvrir eux-mêmes la vérité.

Ce sont les deux formes, négative et positive, de la *dialectique* ; par elle il obligeait l'interlocuteur à découvrir en soi les *idées générales*, seul objet de science (il n'y a pas de science du particulier), et à les préciser par les *définitions*. — Sa méthode est donc l'*induction*.

(b) Psychologie et Morale. — Le commencement et la condition de toute connaissance est la connaissance de soi-même : γνῶθι σεαυτόν, l'âme n'a qu'à se replier sur elle-même pour trouver en elle la vérité. Importance de cette méthode nouvelle, qui « fait descendre la philosophie du ciel sur la terre » (Cicéron), en donnant comme base et point d'appui à toute la philosophie la connaissance de l'esprit humain. — L'homme cherche toujours naturellement le bonheur ; notre bonheur le plus grand est celui qui résulte de la vertu, c'est l'εὐπραξία. La vertu n'est autre que la science ; connaître le bien et le faire, c'est tout un. — Les quatre vertus fondamentales sont : la *sagesse* ou science, la *tempérance*, le *courage*, la *justice*, auxquelles il faut ajouter la *piété*. — Cependant la raison dernière de la vertu n'est pas le bonheur ; il y a un principe supérieur de la Morale, c'est Dieu, dont la voix se fait

parfois entendre dans la conscience (δαιμόνιον).
— L'âme est immortelle. ,

Pour Socrate, comme pour tous les anciens,
la *politique* est étroitement unie à la Morale :
à côté de la vie de l'individu, en effet, il y a la
vie du groupe social ; la politique n'est donc
que la morale de l'Etat. La politique est une
science ; le gouvernement le meilleur est celui
des hommes vertueux (ἀριστοκρατεία).

(c) **L'Esthétique** de Socrate tient de près
aussi à sa morale ; le beau n'est que la manifestation du bien à la sensibilité, aussi doit-il
consister surtout dans l'expression des états de
l'âme, plus que dans la reproduction des formes plastiques.

(d) **Théodicée.** — Il y a au-dessus du monde
une intelligence qui la gouverne, un Dieu ; ce
Dieu est à la fois *cause efficiente* et toute-puis-
sante, *organisant* une matière primitivement
confuse *sans la créer* (cf. le Νοῦς d'Anaxagore),
et *cause finale* du monde : c'est-à-dire que cet
Ouvrier (δημιουργος) suprême agit toujours en
vue du bien, et est une *Providence.* — Socrate
parle encore *des dieux*, mais c'est seulement
par respect pour la religion d'Athènes, ou
pour désigner des puissances secondaires.

SOCRATE (470-399).

1° Biographie : Admirable vie privée de Socrate : son procès, sa mort.

2° Sa philosophie :

Partie critique : Réfutation des Sophistes.

Méthode : Dialectique (ironie et maieutique); induction et définition (il n'y a pas de science du particulier).

Partie dogmatique :

Psychologie : Γνῶθι σεαυτόν. Immortalité de l'âme. Intelligence subordonnée à la volonté.

Doctrine.

Morale.

La vertu est une science.

Les 5 vertus :
- Sagesse.
- Courage.
- Tempérance.
- Justice.
- Piété.

Politique : Gouvernement aristocratique (au sens moral).

Esthétique : Le beau, manifestation sensible du bien.

Théodicée :
- Monothéisme.
- Dieu, Providence du monde.

ÉCOLES DEMI-SOCRATIQUES

Ecole Cyrénaïque. — ARISTIPPE de Cyrène (vers 380), emprunte à Socrate ce principe que la philosophie doit se préoccuper surtout du bonheur de l'homme ; mais au lieu de le chercher comme lui dans la raison, il croit le trouver dans les plaisirs actuels des sens, sans aucun souci d'un avenir incertain.

Ecole Cynique. — ANTISTHÈNE, athénien (vers 380), part aussi du principe Socratique, mais trouve

le bonheur dans la lutte de la volonté, le travail et
la peine : la loi de la nature est la lutte, il faut donc
suivre la nature. De l'excès de cette formule vient
le dédain des plaisirs, de la réputation, même de la
bienséance qui semble aux cyniques comme un
confortable superflu de l'existence. — Les philosophes de cette école se réunissaient dans le *Cynosarge*,
lieu consacré à Hercule, d'où leur nom. — Ce sont
les ancêtres du stoïcisme.

Ecole Mégarique. — EUCLIDE (vers 400), continue surtout la dialectique de Socrate, qu'il combine
avec l'intuition des Eléates. Subtilité sophistique de
cette école, qui lui a fait donner le nom d'*éristique*,
c'est-à-dire disputeuse (Sophismes du chauve, du
menteur, de l'Electre... etc.).

β. PLATON. (430-347).

Biographie. — Platon est né à Athènes ou
à Egine en 430 ; il était d'une illustre famille,
son père Ariston descendait de Cadmus, et sa
mère Périctione d'un frère de Solon; Platon
est un surnom qu'il reçut au gymnase et qui
lui resta (πλάτων, *large*), son véritable nom est
Aristoclès. Dans sa jeunesse, il se donna à la
poésie, non sans succès ; mais il fut attiré de
bonne heure vers la philosophie, et étudia
d'abord les philosophies ionienne et éléate : ce
fut à vingt ans qu'il connut Socrate (410).
Lorsque son maître fut accusé, Platon essaya

courageusement de le défendre, mais en vain.
Après sa mort, il se retira à Mégare, puis se
mit à voyager, en Egypte, en Italie et en Sicile (ses autres voyages en Phénicie, à Babylone, chez les Assyriens, sont légendaires). En
Sicile, il se lia avec le tyran Denys l'ancien,
qui finit par s'offenser de sa franchise, et le
vendit comme esclave ; le philosophe Annicéris
l'acheta 20 mines (un peu plus de 1,800 francs),
et il put rentrer à Athènes vers 388. Il établit
dans les jardins d'Académus une école de
philosophie qui s'appela l'Académie, et s'y
consacra activement jusqu'à sa mort à l'enseignement de ses disciples, et à la composition
de ses dialogues. Il fit seulement deux autres
voyages en Sicile, le premier en 367-365 pour
tenter de faire l'éducation de Denys le jeune,
tâche difficile où il échoua, le second en 360,
où il se brouilla complètement avec le jeune
tyran comme avec son oncle. Il mourut en
347, dans sa quatre-vingt troisième année.

Ouvrages de Platon. — On lui attribue
13 lettres, qui, sauf la 7e et la 9e peut-être,
sont apocryphes. — Nous avons à peu près
toute son œuvre, 34 dialogues, dont 11 lui
sont contestés, avec quelque raison ; on les

partage en : Socratiques, Polémiques, Dogma-
tiques, et les principaux sont : 1° le *Criton*,
l'*Apologie*, le *Lysis*, le *Protagoras*, l'*Enthyphron*,
le *Premier Alcibiade* ; 2° le *Sophiste*, le *Parménide*, le *Philèbe*, le *Théététe* ; — 3° le *Phédon*,
la *République*, le *Timée*, le *Banquet*, le *Phédre*,
les *Lois*.

Sources de la Philosophie de Platon.
— La doctrine essentiellement morale de Socrate est pour Platon un instrument de conciliation entre le phénoménisme d'Héraclite et
l'idéalisme abstrait des Eléates. Héraclite a
raison, pense-t-il, de dire que le monde sensible se compose d'apparences instables et
fuyantes ; les Eléates ont raison de leur côté
de dire que le monde sensible ne s'explique
pas par soi, et que le multiple et le changeant
supposent une réalité une et immuable ; mais
quel lien, quel passage, entre le monde des
phénomènes, et l'Être absolu, source de toute
existence ? C'est à quoi répond la *Théorie des
Idées*, c'est-à-dire la *Dialectique*.

**(a) Théorie des Idées. Théorie de
la Connaissance.** — En Dieu qui est la
Providence souverainement bonne (Socrate),
sont contenus les *types* immuables et éternels

de tout ce qui est ; ces types, en nombre infini, ce sont les *Idées*. Toutes les existences
phénoménales et contingentes n'ont d'être
que par leur ressemblance (ὁμοίωσις), leur par-
ticipation (μέθεξις) avec le type idéal corres-
pondant ; l'homme par exemple participe à la
beauté, à la bonté, c'est en cela qu'il est beau,
bon... etc. — Les Idées sont donc les *seules
réalités*, en elles est renfermé le *principe de
toute existence* ; elles forment une hiérarchie
au sommet de laquelle est l'Idée suprême,
l'Idée des Idées, celle qui les renferme toutes,
le Bien, c'est-à-dire, Dieu même. (Voy. *Timée*.)

La science véritable ne doit donc pas s'en
tenir aux phénomènes, aux apparences, elle
doit chercher à atteindre l'Idée, *seul véritable
objet de connaissance :* c'est-à-dire qu'elle doit
être une dialectique, prenant son point de
départ dans le monde sensible, pour s'élever
de là jusqu'à la réalité intelligible. Dans cette
marche ascendante de l'esprit, il y a plusieurs
degrés à distinguer et comme plusieurs étapes :
d'abord la *conjecture* (εἰκασία), simple appréhen-
sion des représentations sensibles ; — puis la
croyance (πίστις), qui se rapporte aux objets
sensibles eux-mêmes ; — la *connaissance dis-*

cursive (διανοία) procède par le raisonnement ;
— enfin l'*intuition pure* (νόησις) atteint immédiatement les Idées. L'εἰκασία et la πίστις constituent ensemble l'*opinion* (δόξα), la διανοία et la νόησις la *science* véritable (ἐπιστήμη). La dialectique va donc de l'opinion à la science.

Mais d'où vient que nous pouvons atteindre ainsi, au delà du monde sensible, la réalité intelligible ? — Par la *réminiscence* : l'âme, dans une vie antérieure, où elle n'était pas unie à un corps, a contemplé face à face les Idées ; puis, en punition d'une faute commise (Platon ne s'explique pas sur ce point), elle a été assujettie à un corps, et pour *se souvenir* des Idées, elle a besoin de tous les efforts de la dialectique (voy., au début du livre VII de la République, l'*Allégorie de la Caverne*), — on le voit, l'inspiration qui domine la théorie des Idées est autant morale que métaphysique, et porte l'empreinte des doctrines morales de Socrate : le Bien est en somme la réalité suprême vers laquelle s'oriente toute la connaissance.

(*b*) **Physique**. — Le monde s'explique par 3 principes ; la *matière*, simple lieu, (τόπος, χώρα, τὸ ἐν ᾧ) absolument indéterminé (ἄπειρον) où Dieu place les êtres, c'est-à-dire les copies des Idées; éternelle, donc non créée par Dieu; — les *Idées*, modèles intelligibles d'après lesquels le monde est façonné; — *Dieu*, l'ouvrier (δημιουρ-γος) qui a formé le monde (κόσμος) en prenant comme modèle les Idées. — Dieu n'est pas seulement l'Architecte de l'univers, il en est surtout la Providence, puisqu'il est le Bien; aussi a-t-il fait le monde le meilleur possible, et si l'univers n'est pas le meilleur absolument, c'est à cause de la résistance qu'a opposée le principe passif, la matière. Dieu n'est pas la cause du mal, le mal n'est que la limitation du bien par la matière.

Le monde est formé d'une âme et d'un corps, il est comme un immense *animal;* de l'âme du monde sortent les âmes des hommes; le corps du monde est une combinaison de la terre et du feu, au moyen de l'air et de l'eau.

Psychologie. — L'homme, comme l'univers, se compose d'un corps et d'une âme; l'âme immatérielle, n'a avec le corps qu'une union passagère. Elle a trois pouvoirs : la *partie concupiscible*, (ἐπιθυμία) à laquelle se rapportent les jouissances et les connaissances sensibles; elle a son siège dans les viscères; — la *partie irascible* (θῦμος), principe des sentiments

nobles ou courage, qui réside dans la poitrine ;
— la raison (νοῦς), qui connaît les idées et
nous porte à l'amour du Bien absolu ; Platon la
place dans la tête. (voy. le mythe du *Phèdre*).

Bien que Platon n'ait jamais donné une
démonstration complète de la liberté, il l'attribue cependant à l'âme, puisqu'il déclare
qu'elle se meut soi-même. — L'âme, principe
de la pensée qui conçoit les Idées, principe
du mouvement, donc active, enfin principe
de la vertu, est immortelle, et dans la vie future où elle est soumise à de nombreuses mi-
grations successives, elle est traitée selon ses
mérites. (Voy. *Phédon.*)

(c) **Esthétique.** A la partie concupiscible
de l'âme s'adresse la beauté corporelle ; ce
degré inférieur de l'amour est symbolisé par
la Vénus terrestre. L'amour de la beauté de
l'âme, beauté idéale, splendeur du Bien (dont
la beauté corporelle n'est qu'un pâle reflet),
est la Vénus céleste : le νοῦς seul peut s'y élever.
Platon unit trop étroitement sans les distinguer le beau et le bien, καλοκἄγαθον : l'art est
pour lui subordonné à la Morale.

(d) **Morale.** — La fin de la vie humaine
est le bien, réalisé par la vertu. La vertu est

la science du bien, donc il est suffisant de connaître le bien pour le faire (Cf. Socrate) : cette morale est trop intellectualiste, et ne tient pas assez de compte du rôle de la liberté dans la vie humaine. La morale se confond donc avec la dialectique, et a comme fin l'imitation la plus complète possible de Dieu (ὁμοίωσις τῷ Θεῷ). — Il y a différentes vertus, qui sont les différentes perfections dont nos facultés sont capables : la *science* (φρόνησις) vertu du νοῦς ; — le *courage*, (ἀνδρεία) vertu du θῦμος ; — la *tempérance*, (σωφροσύνη), vertu de l'ἐπιθυμία ; — une quatrième vertu, la justice (δικαιοσύνη) consiste à maintenir l'accord, l'harmonie et la concorde entre les facultés de l'âme, et entre cette âme et les autres hommes.

Politique. — La politique est la morale sociale. De même que l'âme a trois facultés qui ont chacune leur vertu propre, de même l'État renferme trois classes qui doivent remplir chacune pour leur part certaines fonctions. 1º les *magistrats*, chargés de la confection des lois et du gouvernement, représentent le νοῦς dans l'État ; — 2º les *guerriers* dont la vertu est le courage (θῦμος) ; — 3º les *artisans*, auxquels sont réservés les travaux manuels, et dont la vertu est la tempérance, correspondent à l'ἐπιθυμία. — Il y a une *justice* sociale, qui entretient la bonne intelligence entre les diverses classes de citoyens. — Mais l'État est tout, l'individu rien en lui-même (application à la Politique de la théorie des Idées) ; d'où le socialisme platonicien, la suppression de la famille, de la propriété, l'éducation des enfants par l'État.

PLATON (430-347).

3º Doctrine.

1º Biographie : Disciple de Socrate; ses voyages en Sicile ; l'Académie.

2º Principaux ouvrages : Les *dialogues*.

Dialectique et *Théorie des idées :* La vraie science est la connaissance des idées. Degrés de la connaissance : δόξα, ἐπιστήμη. — Réminiscence, allégorie de la caverne. — Inspiration morale des doctrines platoniciennes. — Emprunts au pythagorisme et à l'éléatisme.

Physique : 3 principes du monde : matière, idées, Dieu. — L'âme du monde.

Psychologie : Union passagère du corps et de l'âme. — Les 3 puissances de l'âme. ἐπιθυμία, θῦμος, νοῦς. Immortalité.

Esthétique : L'art subordonné à la morale, comme pour Socrate.

Morale : vertu, science du bien, ressemblance avec Dieu. — Les 4 vertus cardinales.

Politique : Les 3 classes de l'Etat : artisans, guerriers, magistrats. Omnipotence de l'Etat; communisme.

γ. ARISTOTE (384-322).

Biographie. — Né en 384, à Stagire
(Thrace); son père, Nicomaque, était médecin
du roi de Macédoine Amyntas III, père de
Philippe. Il vint à Athènes, 367, et y suivit
les leçons de Platon jusqu'à la mort du maître, 347. Il alla alors en Mysie, à la cour
d'Hermias, tyran d'Atarné, son ancien disciple, qui lui donna sa nièce en mariage; en
345, Hermias fut assassiné dans une révolution, et Aristote composa, à Mitylène, où il
s'était réfugié, l'*Hymne à la vertu*, pour célé-
brer son ami. En 343, il fut appelé par Philippe, auprès du jeune Alexandre, âgé de
13 ans, pour achever son éducation : il remplit quatre ans ces fonctions, retourna habiter
Stagire, et alla enfin se fixer à Athènes, vers
335. Il y fonda, dans le gymnase du *Lycée*,
l'école *péripatéticienne* (il enseignait en se
promenant, περίπατος, *promenade*), corres-
pondant toujours avec son royal élève, qui lui
envoyait des animaux, des plantes, etc., pour
ses travaux. Lorsque Alexandre mourut,
323, Aristote inquiété par le parti anti-
macédonien, se réfugia à Chalcis (Eubée),

où il mourut de maladie l'année suivante (322).

Écrits d'Aristote. — Dialogues perdus. — Nous avons encore de nombreux ouvrages, qu'on peut classer ainsi : 1° Physique et Psychologie : *Physique* (8 livres), *Traité du Ciel*, *Traité des Météores*, *Histoire des animaux* (10 livres), *Traité de la génération des animaux*, *Traité des parties des animaux*, etc.; — *Traité de l'âme* (3 livres), *Du Sommeil*, *Des Rêves et de la Divination*, *De la Vie et de la Mort*, *De la Mémoire*, etc.; — 2° Métaphysique (le mot est d'un commentateur, Aristote disait *Philosophie première*, et *Théologie*) ; Le traité de *Métaphysique* est en 14 livres ; — 3° Morale : *Éthique à Nicomaque* (10 livres), *Éthique à Eudème*, *Grande morale*, fragments des *Économiques*, *Politique* (8 livres); — 4° Logique : Ὄργανον, formé de six traités : *Catégories*, *Interprétation*, *Premiers analytiques* (syllogisme), *Seconds analytiques* (démonstration), *Topiques* (dialectique), *Réfutations des sophismes* ; — 5° Esthétique : *Rhétorique* (3 livres), *Poétique*. — [N. B. — Aucune des divisions en livres n'est d'Aristote.]

(*a*) **Théorie des quatre causes et Mé-**

taphysique. — La théorie des *quatre causes* est la base de toute la métaphysique d'Aristote. Tout être réel résulte de quatre *causes* (conditions) ou principes d'existence : 1° cause *matérielle* (ὑποκείμενον) simple possibilité d'être, indéterminée en soi, susceptible de recevoir telle ou telle détermination ; — 2° cause *formelle* (εἶδος) qui détermine la matière, et lui donne telle ou telle manière d'être ; — 3° cause *efficiente* (ἀρχὴ τῆς γενέσεως) qui unit la matière et la forme ; — 4° cause *finale* (τέλος, τὸ οὗ ἕνεκα), ou fin qui sollicite l'acte de la cause efficiente. — Toute réalité n'existe que par le concours de ces quatre principes d'être ; la matière sans la forme n'est en effet qu'une *puissance* (ἐν δυνάμει); la forme seule en fait un être réel en la faisant passer à *l'acte* (ἐν ἔργῳ). Le passage de la puissance à l'acte se fait par le mouvement, κίνησις.

La série des mouvements n'est pas indéfinie : il faut s'arrêter dans la régression qui en parcourt l'enchaînement (ἀνάγκη στῆναι), et admettre un premier anneau à la chaîne, un moteur qui ne reçoive pas d'un autre le mouvement qu'il détermine (κινοῦν ἀκίνητον), ou Dieu : dans ce premier moteur immobile, pas de passage de la puissance à l'acte, Dieu est l'*acte* pur et éternel.

Mais Dieu n'est pas la cause efficiente du monde, il l'attire par sa perfection, il en est la *cause finale* : sa nature est celle d'une intelligence absolue, qui ne connaît pas le monde, et jouit de son éternelle perfection en se contemplant elle-même (νόησις νοήσεως); cette contemplation (θεωρία) constitue son souverain bonheur. — Telle est la réalité suprême qui sert de modèle aux êtres qui composent l'univers.

(*b*) **Physique et Psychologie.** — Pour Aristote, l'univers se partage en deux parties : le ciel et les sphères célestes dont la substance est l'éther, la terre dont les éléments sont la terre, l'air, l'eau et le feu. Les êtres qui peuplent la terre sont : les minéraux, les plantes, les animaux, les hommes. Tout ce qui est vivant est doué d'une âme : *ame végétative* (nutrition et reproduction) pour la plante ; *ame sensitive et motrice* (mêmes fonctions, plus la sensibilité et le mouvement) pour l'animal ; *ame raisonnable* (mêmes fonctions, plus la raison) pour l'homme. — Chez tous les êtres, l'âme est la *forme* du corps et sa *cause finale* ;

ou en d'autres termes *l'entéléchie* (ἐν intérieure.
ment, τέλος fin, ἔχειν avoir) *première d'un corps
naturel, organisé, ayant la vie en puissance.* Dans
l'âme humaine, la partie raisonnable seule est
immortelle.

(c) **Théorie de la connnaissance, et
Logique.** — La connaissance, selon Aristote,
implique deux éléments : *l'expérience* (sens,
imagination, mémoire), qui fournit les matériaux, la *matière* de la connaissance ; *l'intellect*, ou raison qui fournit la *forme ;* l'intellect
est *passif* (νοῦς παθητικός) lorsqu'il reçoit les
données de l'expérience ; il est *actif* (νοῦς
ποιητικός), lorsqu'il les élabore pour en former
les idées générales.

Le procédé scientifique de la connaissance
est la *démonstration*, dont les éléments et les
lois sont déterminés par la *logique* (Théorie
du syllogisme ; théorie de l'induction, très
courte et rudimentaire).

(d) **Morale et Politique.** — La philosophie pratique ne tient pas moins de place
dans la doctrine d'Aristote que la philosophie
spéculative.

L'idée de la finalité est la clef de la morale
d'Aristote, comme du reste de sa philosophie

tout entière. Le monde, nous l'avons vu, tend tout entier vers Dieu qui est la perfection et la cause finale suprême ; tout être, contribuant pour sa part et dans le cadre où il est placé, à ce mouvement du monde vers Dieu, a une certaine *fin* à réaliser, et cette *fin* est en même temps le *bien* qui doit résulter de son activité propre (οἰκεῖον ἔργον). Le plus grand bien ou le *bonheur* d'un être, c'est donc l'usage le plus complet possible, la mise en œuvre (ἐνέργεια) des énergies de sa nature (le plaisir est l'achèvement de l'acte). Or, quel est le mode d'activité vraiment propre, et quel est par conséquent le genre de bonheur qu'il doit rechercher ? « Ce qui est propre à chacun, c'est ce qui est en lui le meilleur, c'est-à-dire le plus agréable », dit Aristote ; pour l'homme, c'est l'*exercice de la raison*, par laquelle il se distingue de tous les autres êtres. La *vertu* est pour l'homme l'accomplissement de sa fin, et est par conséquent identique au bonheur.

Cependant, ce n'est pas là *tout* le bien de l'homme : il faut faire aussi une certaine part dans le bonheur à la fortune, à la gloire, à des éléments extérieurs, en un mot, qui ne dépendent pas de nous. Le sage peut, il est vrai, être heureux sans eux, mais il est *plus* heureux si le destin les lui donne. Donc le souverain bien n'est pas identique à la vertu, il est plus qu'elle, et c'est un reproche qu'on peut adresser à la morale d'Aristote.

La vertu est une *habitude* (un seul acte conforme à la fin ne suffit pas à la constituer); elle est un *juste milieu* (μεσότης), par exemple la générosité entre l'avarice et la prodigalité. La vertu est jugée telle par l'homme vertueux, qui est ici seul compétent. Il y a deux sortes de vertus : *pratiques*, ce sont celles qui se rapportent à la partie passionnée de notre être, et à qui surtout convient la dénomination de μεσότης; *intellectuelles*, les plus élevées et les plus précieuses, qui ne sont astreintes à aucune limite.

La notion d'obligation est absente de la morale d'Aristote : c'est surtout une *morale esthétique*, dans laquelle la vie raisonnable, c'est-à-dire vertueuse, n'est la plus parfaite que parce qu'elle est la plus belle. Cette vie morale est réservée dès lors à une aristocratie intellectuelle, elle est un privilège, une exception : ce n'est pas là la morale universelle de l'obligation, et du perfectionnement toujours possible par l'effort de la bonne volonté.

La politique d'Aristote est supérieure à celle de Platon. L'homme est né pour la vie sociale (ζῷον πολιτικόν) : tous les citoyens peuvent aspirer au gouvernement, en raison de leurs mérites. Trois formes de gouvernement possibles : monarchie, aristocratie, république. Aristote, beaucoup plus positif et plus préoccupé des faits que Platon, ne conçoit pas comme lui un État idéal ; se fondant avant tout sur l'expérience, il légitime l'esclavage, qu'il croit une condition indispensable de la vie sociale antique : l'esclavage est nécessaire pour laisser aux hommes libres et aux philosophes les loisirs de la spéculation. Aristote s'attache à réfuter le communisme de Platon, et fait une part beaucoup plus grande à l'individu.

1º Biographie : Disciple de Platon ; précepteur d'Alexandre. Le Lycée ; péripatétisme.

2º Principaux ouvrages : Science encyclopédique.

ARISTOTE (384-322).

3º Doctrine.

Métaphysique : Théorie des 4 causes ; puissance et acte ; le mouvement ; nécessité d'un premier moteur, cause finale du monde.

Physique et *Psychologie :* Définition de l'âme en général ; diverses sortes d'âmes : végétative, sensitive et motrice, raisonnable.

Théorie de la connaissance, et *Logique :* Matière et forme de la connaissance. Démonstration, syllogisme.

Morale : Identité du bien et du bonheur (finalité). La vertu est une habitude, un juste milieu. Vertus pratiques et vertus intellectuelles. Caractère esthétique et aristocratique de la morale d'Aristote. — L'amitié ; son fondement moral.

Politique : Les diverses formes du gouvernement. Rôle prédominant de l'individu dans l'Etat (réfutation de Platon). L'esclavage.

δ. ÉPICURISME

Biographie d'Épicure (341-269). — Né à Athènes, 341, d'une famille pauvre : son père était maître d'école, et sa mère magicienne. Il déclarait s'être formé lui-même à la philosophie, en étudiant depuis l'âge de 14 ans, et il lut principalement Démocrite. Après la bataille de Cranon (322), il sortit d'Athènes, et habita successivement Lampsaque, Colophon, Mitylène où il enseigna quelque temps. En 305, il revint à Athènes, et y fonda une école de philosophie, qu'il dirigea le reste de sa vie : tous ses disciples étaient ses amis et avaient pour lui la plus grande vénération. Il mourut en 269, de la pierre, supportant héroïquement ses souffrances.

Points principaux de la doctrine épicurienne. — Épicure a vécu dans la période troublée que remplit le protectorat des rois de Macédoine sur la Grèce : la fatigue, la lassitude de la lutte pour l'indépendance, amènent une préoccupation commune dans toutes les doctrines philosophiques de cette époque (pyrrhonisme, stoïcisme), celle du souverain bien ; Épicure, comme les autres, cherche donc avant tout le bonheur, et croit, comme Socrate, que l'homme est fait pour le bonheur.

La doctrine épicurienne est par conséquent surtout une doctrine morale. Pour être heureux, l'homme doit se délivrer de la superstition, et, par conséquent, *éviter l'erreur* qui la fait naître, il lui faut donc *connaître les lois du monde*, d'où la nécessité de la *Canonique* et de la *Physique*, comme préparation à la *Morale*.

(a) Canonique, ou Logique, et Théorie de la connaissance. — L'unique source de la connaissance est la *sensation ;* comme dans Démocrite, la connaissance sensible se fait par l'*idée-image ;* la sensation conservée par le souvenir devient l'idée générale, ou *anticipation* (πρόληψις), c'est-à-dire *induction*.

(b) Physique et Psychologie. — La physique épicurienne n'est que celle de Démocrite « augmentée de quelques erreurs », dit Cicéron. Tous les êtres de l'univers sont formés de deux éléments : matière (*atomes*), vide (*espace*). Les atomes sont éternels, et ne diffèrent que par leurs formes : ils sont pesants et ont la faculté de dévier légèrement de la verticale (*clinamen*); en flottant ainsi dans le vide, ils s'agrègent et forment le monde matériel. — Les lois de l'univers sont toutes mécaniques ; il ne faut donc pas attribuer à des causes surnaturelles les pluies, les orages, etc. Les dieux existent, mais ils ne s'occupent pas de l'univers et vivent heureux dans les intermondes.

L'*âme* de l'homme est *matérielle*, comme tout ce qui est, mais formée d'atomes lisses, ronds, beaucoup plus ténus que les atomes corporels ; l'âme meurt et s'anéantit avec le corps. Elle a une spontanéité, qui n'est qu'un pâle équivalent de la liberté vraie, absente de l'épicurisme.

(c) **Ethique ou Morale.** — C'est la partie principale de la philosophie épicurienne, essentiellement pratique. Le bonheur est pour Epicure le *plaisir* identique au souverain bien ; tout plaisir est légitime, mais les plus durables sont les plus dignes d'estime, et à ce titre ceux de l'âme l'emportent sur ceux du corps. Il faut distinguer le plaisir en *mouvement* (ἐν κινήσει), c'est-à-dire le plaisir à proprement parler, le plaisir positif, et le plaisir *stable* (καταστηματική), tout négatif, c'est-à-dire l'exemption de la passion et de la souffrance : ce dernier est le plaisir le meilleur et le plus appréciable. Le souverain bien est donc plutôt l'absence de douleur que la jouissance du plaisir, et pour atteindre au bonheur, il faut pratiquer la modération dans ses désirs. (Rappelons que la vie austère d'E-picure est conforme à sa doctrine). Les Epicurieಒs professent la liberté d'indifférence, contre le déterminisme stoïcien.

Il y a quatre vertus cardinales : la *tempérance*, ou modération des désirs ; — le *courage* ; — la *justice*, ou obéissance à la loi écrite ; — la *science*, par laquelle l'homme se délivre des vaines superstitions. — Importance de l'amitié (reposant sur l'utilité).

Morale sociale : l'intérêt est la base de la vie sociale, comme de la vie individuelle ; les lois ne sont que diverses formes d'un contrat fondé sur l'utilité.

EPIC / Doctrine Epicurienne.

Biographie d'Epicure : dignité de sa vie.

Caractère général : Recherche du souverain bien.

1º *Canonique* ou *Logique :* Sensation, souvenir, anticipation, induction.

2º *Physique* et *Psychologie :* Atomes et vides ; le clinamen. Les dieux ne s'occupent pas du monde. — L'âme matérielle, non libre, mortelle.

3º *Ethique :* Partie principale de la doctrine. Le souverain bien est le plaisir (vivre conformément à la nature, plaisir) : plaisir en mouvement, et plaisir stable. Liberté d'indifférence. — Les 4 vertus.

La morale sociale a pour base l'intérêt : la loi fondée sur l'utile.

ε. Stoïcisme.

Biographie de Zénon. (350-264 environ). — Né à Cittium en Chypre, vers 350. D'abord marchand, comme son père, puis ruiné, il vint à Athènes, et y suivit successivement les leçons de philosophes cyniques, mégariques, académiciens. Il fonda enfin luimême une école près du portique (στόα) du Pécile, — d'où le nom de la doctrine, *stoïcisme*, — et la dirigea cinquante-huit ans. L'austérité de ses mœurs était proverbiale ; parvenu à une extrême vieillesse, il se donna, dit-on, la mort.

Autres philosophes stoïciens. — Les principaux sont : — CLÉANTHE (300-220) ; il était très pauvre, et travaillait la nuit d'un travail manuel, tirant de l'eau pour les jardiniers, afin de gagner sa vie ; il était célèbre par l'élévation et la dignité de son caractère : il se donna la mort. On lui attribue la formule : « vivre conformément à la nature, c'est-à-dire à la raison ». Il ne reste rien de ses nombreux ouvrages qu'un *Hymne à Jupiter*. — ARISTON de Chios, disciple de Zénon, tenta de ramener au cynisme la doctrine stoïcienne. — CHRYSIPPE né à Soli (Cilicie), 280-207, est le dialecticien de l'école : composa de nombreux traités contre les Académiciens. — POSIDONIUS, d'Apamée (Syrie), 135-50, fut le maître de Cicéron.

Donner une idée d'ensemble de la philosophie stoïcienne ? — Le stoïcisme (Zénon, Cléanthe, Chrysippe, Diogène de Babylone, Panétius, Posidonius, Cicéron, Sénèque), comprend trois parties : *Logique* ou *Canonique*, *Physique*, *Morale :* cette dernière partie de beaucoup la plus importante.

(*a*) **Logique**, ou Théorie de la connaissance. Quatre degrés dans la connaissance : (*a*) elle débute toujours par la *sensation* (φαντασία) ; - (*b*) la réflexion produit l'*assentiment* (συγκατάθεσις) ; - (*c*) la *compréhension* (κατάληψις) donne naissance aux idées générales (ἐννοήματα) ; -(*d*) enfin la *science* (ἐπιστήμη) est la synthèse des diverses connaissances antérieures. — Ces difrənts degrés de connaissance étaient symbolisés par la main ouverte, demi-fermée, fermée, les deux mains se serrant l'une l'autre.

(*b*) **Physique**. La philosophie de la nature chez les stoïciens est un panthéisme dynamiste.

Le monde et Dieu ne sont qu'un seul être : l'univers se compose de matière et de force, et la force n'est que l'âme du monde, c'est-à-dire la raison divine, qui contient en germe, comme une *semence intelligente* (λόγος σπερματικός) et éternelle, tous les êtres. Cette raison des choses est le *feu artiste* (πῦρ τεχνίτης) dont l'action féconde produit toute la variété des phénomènes naturels. L'âme humaine n'est ainsi, comme les autres âmes répandues dans la nature, qu'un fragment de l'âme universelle, dans le sein de laquelle elle rentre après sa séparation d'avec le corps. — Notre volonté ne peut par conséquent agir que d'après les lois du déterminisme universel, de la nécessité (εἱμαρμένη)

(c) **Morale**. Si l'homme n'est ainsi qu'un fragment de l'univers, la loi de sa conduite doit être de conformer sa vie à la nature des choses (ζῆν ὁμολογουμένως τῇ φύσει), c'est-à-dire à la fois mettre dans sa vie l'ordre et l'harmonie dont l'univers nous donne le modèle, et vivre conformément à *notre propre* nature, c'est-à-dire à la raison. Tout acte selon la nature ou la raison est bon (ἀγαθόν), tout acte contraire est mauvais (κακόν); en dehors de la

vertu pas de bonheur, le bonheur consiste
dans le *calme* (ἀταραξία), l'*impassibilité* (ἀπαθεία),
donc il faut abolir en nous toutes les passions
(πάθη), et habituer notre âme à juger bon ce
qui est réellement bon, et mauvais ce qui est
réellement mauvais. Par là la *vertu* se ramène
à la *science*, et le *vice* à l'*ignorance* ; il y a
quatre vertus, la *sagesse* (φρόνησις) la *tempérance*
(σωφροσύνη), le *courage* (ἀνδρεία), la *justice*
δικαιοσύνη). La vertu dépend donc toujours de
nous (καθ' ἡμῶν), le reste n'en dépend pas
(μὴ παθ' ἡμῶν), et est *indifférent* (ἀδιάφορον);
cependant les choses indifférentes ne sont
neutres que par rapport à la vertu, en soi
elles sont *avantageuses* (προηγμένα) ou *désavan-
tageuses* (ἀπροηγμένα).

Le sage, en conservant partout et toujours
sa liberté, en pratiquant le précepte (ἀπέχου
καὶ ἀνέχου), sera « le seul heureux, le seul souverain » ; pour conserver sa liberté, il peut
avoir recours au *suicide* même.

De la communauté de nature et d'origine
de tous les individus humains, résulte l'*égalité*
de tous les hommes (*caritas generis humani*) ;
le sage est citoyen de l'univers, qui est comme
la cité universelle. (*Cosmopolitisme*).

STOÏCISME.

Biographie de Zénon. Le stoïcisme (Στόα, portique).

Disciple de Zénon : Cléanthe, Ariston, Chrysippe.

Doctrine.

1° *Logique :* Les degrés de la connaissance: sensation, assentiment, compréhension, science.

2° *Physique :* Panthéisme dynamiste. Matière, et force (raison divine et éternelle, âme du monde). — L'âme humaine, fragment de l'âme universelle. Déterminisme absolu.

3° *Morale :* Vivre conformément à la raison; la vertu (et le bonheur) est le calme de l'âme (ἀταραξία). Donc retrancher absolument en nous toutes les passions. — Les 4 vertus. — Distinction des choses qui dépendent de nous, et de celles qui ne dépendent pas de nous. — Légitimité du suicide. — Egalité de tous les hommes ; cosmopolitisme.

ζ. PYRRHONISME.

Biographie de Pyrrhon. (vers 340-250). Né à Elis vers 340, s'initia d'abord à la philosophie mégarique, dont la subtilité contribua à développer en lui le doute ; il suivit l'expédition d'Alexandre dans l'Inde, et de retour à Elis, fonda une école. Ses concitoyens, pleins d'admiration pour lui, l'élevèrent à la dignité de grand prêtre. Il mourut environ à l'âge de 90 ans.

Philosophie de Pyrrhon. — Sa philosophie peut se ramener à deux thèses : 1° Il n'y a pas d'essence vraie des choses, et l'esprit n'ayant rien à connaître avec certitude, doit suspendre son jugement ; 2° La sagesse pratique consiste dans l'indifférence absolue, et dans la pratique de la vertu, qui seule est ou paraît bonne.

I. « Rien n'est ceci plutôt que cela » ; aucun jugement sur les choses ne peut être garanti comme certain, parce que l'esprit et les choses sont également instables. Le sage doit donc suspendre son jugement, ἐπέχειν : il y a dix motifs de doute, ou de suspension du jugement (δεκὰ τρόποι τῆς ἐπόχης), ce sont :

1° Variations des perceptions dans les différentes espèces animales ;

2° Différences des perceptions selon le tempérament et la constitution de chacun ;

3° Diversité des données des différents sens chez un même être ;

4° Influences diverses des milieux (climat, etc;)

5° Illusions des sens ;

6° Diversité des substances ;

7° Variations de quantité ;

8° Changement d'aspect continuel de tout objet ;

9° Fréquence ou rareté des phénomènes ;

10° Différences de mœurs ou d'éducation.

— Ces dix arguments peuvent être ramenés à 3: 1° Contradictions entre les diverses affirmations ; — 2° Existence de l'erreur ; — 3° Relativité de la connaissance.

II. **Morale.** Le sage s'efforce, par la suspension du jugement, d'arriver à l'imperturbabilité (ἀταραξία), à l'impassibilité (ἀπαθεία) : mais Pyrrhon réserve la

morale, et considère la pratique de la vertu comme
hors des atteintes du doute ; convaincu avec Socrate que la philosophie ne doit être que la recherche de la vertu, et que la science, envisagée à un
point de vue purement spéculatif, est inutile et
vaine, il sacrifie sans hésiter la science au profit de
la morale.

Timon. Disciple de Pyrrhon, diffère de son maître en ce qu'il étend le doute à la morale. Il est
l'auteur des *Silles*, poésies satiriques contre les anciens philosophes, surtout Socrate et Platon ; d'où
son surnom de *Sillographe*. Les δεκὰ τρόποι lui
sont quelquefois attribués.

η. Moyenne et Nouvelle Académies

Moyenne Académie. Après Speusippe et
Xénocrate, successeurs de Platon à la tête de l'Académie, la doctrine platonicienne est médiocrement
enseignée, et l'école périclite : elle est renouvelée
par des idées nouvelles, et une nouvelle manière de
poser le problème de la connaissance. Arcésilas de
Pritane (Eolie), né en 315, contemporain de Zénon,
dirige l'Académie après Sosicrate : il inaugure une
vive réaction contre le dogmatisme stoïcien, et em
ploie contre lui la dialectique à la manière de Socrate. Rien n'est vrai, mais tout est vraisemblable :
ni les sens ni la raison ne peuvent donner lieu théo-
riquement à une affirmation absolue, mais chacun
peut s'en tenir pratiquement à la *probabilité*, c'est-à-
dire à son opinion.

Nouvelle Académie. — Carnéade (214-129)

de Cyrène, introduit le probable dans l'ordre théorique, et lutte non moins vivement qu'Arcésilas contre le dogmatisme de Zénon.

0. Scepticisme empiriste

Les débats prolongés, et toujours renaissants, entre les stoïciens et les épicuriens, font reparaître le scepticisme ; les nouveaux sceptiques, ŒNÉSIDÈME, AGRIPPA, SEXTUS EMPIRICUS, poussent plus loin encore le doute de la nouvelle Académie, avec une tendance à l'empirisme qui les distingue des pyrrhoniens.

ŒNÉSIDÈME de Gnosse, (20 av. J.-C. — 50 apr. J.-C.), est célèbre surtout par ses arguments contre la causalité. Nous ne pouvons atteindre que des phénomènes.

AGRIPPA réduit à 5 les 10 motifs de doute :
1o Contradictions des opinions ;
2o Régression des raisons à l'infini ;
3o Hypothèse, donc souvent absence de preuves ;
4o Relativité de la connaissance ;
5o Diallèle. (voy. dans nos *Réponses aux questions de Philosophie du programme du baccalauréat ès lettres*, la discussion de cet argument en particulier, théorie de la certitude, au commencement de la métaphysique).

SEXTUS EMPIRICUS, de Tarse (Cilicie), n'est qu'un vulgarisateur sans originalité.

III. — ECOLE D'ALEXANDRIE

Division. — 1° L'école juive d'Alexandrie ; — 2° L'école grecque d'Alexandrie ; — 3° L'école d'Athènes.

Caractère général de la philosophie Alexandrine. — Après la conquête de la Grèce par les Romains, nous retrouvons la philosophie grecque réfugiée à *Alexandrie*. Cette ville, fondée par Alexandre, avait pris une importance intellectuelle considérable, sous le règne des Ptolémées (fondation du Musée, de la Bibliothèque...) ; les savants, les philosophes, s'y rendent de tous les points, et y apportent les doctrines les plus diverses. Alexandrie devient ainsi un centre intellectuel entre l'Europe, l'Asie et l'Egypte, et les philosophies les plus différentes viennent s'y rencontrer et s'y heurter ; il en résulte un vaste *éclectisme*, caractérisé par l'*union de l'esprit grec et du mysticisme oriental*. L'école d'Alexandrie a emprunté surtout aux doctrines platoniciennes (d'où son nom d'Ecole néoplatonicienne), qu'elle a transformées en un idéalisme mystique et panthéiste.

1° *École Juive*

PHILON le Juif, né en 30 av. J.-C., est le prédécesseur du néoplatonisme grec et des Pères de l'Eglise. Il tente de concilier la Bible et Platon, essai renouvelé depuis par les Pères de l'Eglise.

2° *École grecque d'Alexandrie*

AMMONIUS SACCAS. — Egyptien de nation, né

Alexandrie vers 193 apr. J.-C., appartenait à une famille chrétienne. Ses disciples le surnommèrent l'*Inspiré de Dieu.* Il essaie de concilier, dans un vaste éclectisme, Moïse, l'Évangile de Saint-Jean, Platon, Aristote, Philon.

PLOTIN. — Le plus grand des philosophes alexandrins, né en 205 à Lycopolis. Il avait 28 ans, quand il entendit Ammonius Saccas, et fut son disciple pendant onze ans ; puis il étudia les philosophies orientales, suivit l'empereur Gordien dans son expédition en Perse, et revint se fixer (245) à Rome, où il enseigna pendant 25 ans. Il menait une vie austère, ascétique, par mépris du corps, qu'il appelait « l'ombre d'une ombre. » Il commença à écrire seulement à 50 ans, et composa cinquante-quatre traités, que son disciple, Porphyre, répartit en six *ennéades* ou *neuvaines.* Mort en 270.

C'est lui qui fixe la doctrine alexandrine. Dieu est une *Trinité,* formée de trois *hypostases* inégales : l'*unité* est l'hypostase supérieure, et contient seule la perfection ; — l'*intelligence* suprême, immobile, renferme en elle et contemple les idées ou types éternels des choses ; — l'*âme* universelle, infinie, qui meut le monde et l'organise d'après ces types, est la puissance créatrice. L'âme humaine n'est qu'un rayonnement et une émanation de l'intelligence suprême ; le mode le plus élevé de la connaissance est la contemplation de l'être par l'*extase.* Le monde matériel sort de même, par voie d'émanation, de l'âme universelle ; il fait effort à sa manière, pour remonter vers l'Etre en soi, et se rapprocher de plus en plus de l'Unité suprême.

Porphyre. — Né vers 233, à Tyr, mort 276 ; ne connut Plotin qu'en 263 à Rome ; exagéra encore les doctrines de son maître, et publia ses traités, à peine connus de quelques disciples. — Lutte centre le christianisme.

Jamblique. — Né à Chalcis, disciple de Porphyre. Les dates sont peu certaines. L'élément oriental et mystique domine encore davantage dans sa doctrine.

3° *École d'Athènes*

Au commencement du cinquième siècle, l'Ecole d'Alexandrie, fermée par ordre de l'empereur Julien, se transporte à Athènes et prend le nom d'école d'Athènes.

Proclus. — Né en 412 à Constantinople, mort 485. Enseigne la philosophie de Plotin, et commente Platon et Aristote.

— La philosophie grecque disparaît au commencement du sixième siècle, frappée à mort par l'édit de Justinien (529), qui ferme toutes les écoles.

B. PHILOSOPHIE A ROME

Caractère général. — Pas d'originalité. Les Romains ont imité les Grecs, car ils ont par eux-mêmes peu de goût pour la spéculation.

Epicurisme à Rome. Lucrèce. — Lucrèce (95-51) est le plus fidèle interprète des doctrines d'Epicure. Son poème *De rerum natura*, est en six livres : 1° Les atomes et le vide ; 2° Propriétés des atomes, leurs mouvements, formation des corps ; — 3° Psychologie ; — 4° Idées-images, passions ; —

5⁰ Explication de l'univers matériel ; — 6⁰ Météores, phénomènes naturels (peste d'Athènes).

Traces des doctrines épicuriennes dans *Horace*.

Stoïcisme à Rome.—Le stoïcisme eut beaucoup plus d'adeptes à Rome que l'épicurisme, parce qu'il correspondait mieux aux besoins de la société romaine.

CICÉRON (106-43), probabiliste et académicien pour la philosophie spéculative, est stoïcien en morale. — Ses principaux traités philosophiques sont : 1⁰ Philosophie spéculative : les *Académiques* (2 livres restent sur 4) ; — *De la nature des Dieux* (3 livres); — *De la Divination* (2 livres) ; — 2⁰ Philosophie morale et Philosophie politique : *Des vrais biens et des vrais maux*, en 5 livres (morale théorique) ;— *Des Devoirs*, en 3 livres (morale pratique) ; — *Tusculanes ; — De l'amitié ; — De la vieillesse ; — Des Lois ; — De la République.*

SÉNÈQUE. — Né à Cordoue, 2 ans apr. J.-C., mort 65. — Le caractère de sa philosophie est une prédication morale ; c'est là d'ailleurs le caractère nouveau de la philosophie à Rome, qui jusque-là n'a été qu'une distraction noble et une jouissance de l'esprit pour une élite d'hommes intelligents. — Ses principaux ouvrages sont : *De ira* (3 livres);— *De Providentia ; — Consolatio ad Helviam ; — Consolatio ad Marciam; — De tranquillitate animi ; — De clementia ; — De brevitate vitæ ; — De vita beata ; — De beneficiis* (7 livres) ; — *Quæstiones naturales.* — Les 124 lettres à Lucilius sont un véritable bréviaire de morale pratique.

Sénèque, sans doute est stoïcien; mais il est éclectique, jusqu'à emprunter parfois à Épicure même.

Sénèque en effet n'est pas un philosophe spéculatif et dogmatique ; c'est un « directeur de consciences » (Martha), et il recherche avant tout dans les doctrines des applications, suivant les circonstances : d'où plus d'une contradiction spéculative, dont Sénèque ne se soucie guère.

Par exemple, tantôt Sénèque parle de Dieu comme tous les stoïciens, en le confondant avec la nature, tantôt il en parle comme d'un être personnel, objet de notre amour, *père* et Providence de tous les êtres. — Ailleurs, tantôt il confond l'âme et le corps, tantôt il les distingue ; après avoir dit que la mort est l'anéantissement, il l'appelle le moment de la naissance pour l'éternité, etc.

ÉPICTÈTE. — Dates exactes inconnues (1er siècle de l'ère chrétienne). Son enseignement a été tout oral, et a été recueilli par son disciple Arrien, qui a publié ses *Entretiens* (διαλέξεις), et a formé avec les maximes les plus frappantes le *Manuel* (ἐγχειρίδιον). — Sa philosophie est surtout morale, on lui attribue la distinction très belle et très profonde des *choses qui dépendent de nous* (τὰ καθ' ἡμῶν), et des *choses qui ne dépendent pas de nous* (τὰ μὴ καθ' ἡμῶν).

MARC-AURÈLE (121-180), a laissé des Mémoires (περὶ ἑαυτοῦ), qui sont le remarquable « examen de conscience d'un empereur romain » (Martha). — Sa doctrine est moins dure que celle des premiers stoïciens ; on y trouve même une certaine mélancolie, et une certaine indulgence pour les fautes humaines. La philosophie et le devoir ont été pour lui le refuge d'un grand découragement, d'un grand dégoût de la vie et du pouvoir.

PHILOSOPHIE ANCIENNE					
	PHILOSOPHIE GRECQUE	1re Période Philosophie avant Socrate. (650-450).	Ecoles naturalistes.	Ecole ionienne.	*Thalès* : Le principe des choses est l'eau. *Anaximène.* *Diogène d'Apollonie.* } Principe des choses : air. *Anaximandre* : Le principe universel est l'ἄπειρον. *Héraclite* : Principe universel : le feu.
				Ecole atomistique.	*Leucippe.* *Démocrite.* } Le vide et les atomes. Matérialisme.
			Ecoles idéalistes.	Ecole pythagoricienne.	*Pythagore.* *Lysis.* *Philolaüs.* *Archytas.* *Timée.* } Les nombres; la métempsychose.
				Ecole éléatique.	*Xénophane.* *Parménide.* *Mélissus.* } Unité absolue de l'être.
					Empédocle : Deux principes, l'amour et la haine. *Anaxagore* : Les homœoméries; le Νοῦς.
				Sophistes.	*Gorgias.* *Protagoras.* *Hippias.* *Prodicus.* } Scepticisme spéculatif et moral.
	PHILOSOPHIE			Socrate 470-399.	(Voy. le tableau spécial.)
		2e Période. Période socratique. (450-100).	Ecoles demi-socratiques.	Ecole cynique. Ecole mégarique	*Aristippe* : Morale du plaisir. *Antisthène* : Le souverain bien est l'effort de la volonté. *Euclide* : Dialectique subtile (éristique).
				Platon 430-347. Aristote 384-322 Epicurisme. Stoïcisme.	(Voy. le tableau spécial). L'Académie. (Voy. le tableau spécial). Le Lycée. (Voy. le tableau spécial.) (Voy. le tableau spécial.)
				Ecole pyrrhonienne.	*Pyrrhon* : Scepticisme spéculatif seulement. *Œnésidème.* *Sextus Empiricus.* } Scepticisme phénoméniste.
				Moyen. académie Nouv. académie.	*Arcésilas.* *Carnéade.* } Probabilisme.
		3e Période. Eclectisme alexandrin. (100 av. J.-C. — 529 apr. J.-C.).	Ecole néo-platonicienne.	Ec. juive d'Alex.	*Philon* : Dogme de la Trinité.
				Ecole grecque d'Alexandrie.	*Ammonius Saccas.* *Plotin.* *Porphyre.* *Jamblique.* } Néoplatonisme.
				Ecole d'Athènes.	*Proclus* : Surtout commentateur.
				Epicurisme.	*Lucrèce* : Epicurisme exposé dans le *De rerum natura.*
		PHILOSOPHIE A ROME....		Stoïcisme.	*Cicéron* : Morale et politique stoïciennes. *Sénèque* : Directeur de conscience (Lucilius). *Epictète* : Le Manuel. *Marc Aurèle* : Mémoires.

PHILOSOPHIE CHRÉTIENNE
ET DU MOYEN-AGE

Division. — Deux époques : 1º Philosophie des Pères de l'Église ; — 2º Philosophie scolastique.

A. PHILOSOPHIE DES PÈRES
DE L'ÉGLISE

Caractère général. — Cette philosophie est née de la rencontre des conceptions rationnelles et de la révélation religieuse : les Pères sont avant tout théologiens, ils sont devenus philosophes lorsque la philosophie païenne battit en brêche la religion naissante, et lorsqu'il leur fallut la défendre. — On distingue les Pères grecs et les Pères latins.

Pères grecs. — Les Pères grecs se bornent à faire l apologie du christianisme naissant contre le paganisme et les philosophes. — SAINT DENYS L'ARÉOPAGITE, né à Athènes, païen converti par saint Paul ; — SAINT JUSTIN (89-167), né en Palestine, d'abord platonicien, puis se convertit au christianisme, tout en restant philosophe; — SAINT IRÉNÉE, évêque de Lyon (né en 120); — Saint Pantène, fondateur de l'école chrétienne d'Alexandrie ; — Saint Clément d'Alexandrie (2ᵉ moitié du second siècle), disciple de saint Pantène : Clément est de tous les Pères celui qui possède et comprend le mieux la philosophie ancienne, et il a emprunté surtout au platonisme et au stoïcisme, pour former un éclectisme chrétien ; — Son disciple Origène (185-255) se préoccupe surtout de donner aux dogmes chrétiens un fondement rationnel ; — Saint Basile le Grand, Saint Grégoire de Nazianze, et Saint Grégoire de Nysse combinent la doctrine d'Origène avec la philosophie néoplatonicienne.

Pères latins. — Plus franchement théologiens, moins philosophes que les Pères grecs. — Tertullien de Carthage, 160-245, ne reconnaît que la foi, et attaque violemment *toute* science et *toute* philosophie, sans distinction ; — Arnobe et Lactance, moins importants. — Saint Augustin (354-430) né à Tagaste en Numidie ; d'abord manichéen, malgré l'éducation chrétienne que lui donne sa mère, se rapproche du christianisme par la lecture de Platon et des Néoplatoniciens, et surtout par ses relations avec saint Ambroise. Réfute le scepticisme par le célèbre *si fallor sum* (précurseur du *cogito ergo sum* cartésien), explique la raison par une union de notre âme avec le Verbe divin, se montre psychologue et moraliste profond dans l'étude de l'âme humaine, et approfondit remarquablement les rapports de la grâce et de la liberté (lutte contre les Pélagiens).

B. PHILOSOPHIE SCHOLASTIQUE

Caractère général. — L'influence de Platon a dominé dans la philosophie des Pères de l'Eglise; c'est celle d'Aristote qui se fait sentir surtout dans la Philosophie scholastique ou du Moyen-Age. — Deux traits essentiels caractérisent la philosophie scholastique : 1º habitude, excessive parfois, de logique rigoureuse, empruntée à l'*Organon* d'Aristote ; — 2º Au début soumission à la foi, qui s'efforce de régner au-dessus de la philosophie, puis lutte avec la théologie dont la philosophie finit par s'affranchir.

Division. — On divise la philosophie scholastique en trois périodes: 1º de la fin du huitième siècle à la fin du douzième, subordination de la philosophie à la théologie (*philosophia ancilla théologiœ*) ; — 2º pendant le treizième siècle environ, autorité croissante de la philosophie, dont l'indépendance relative est consentie par la théologie ; — 3º pendant le quatorzième et la plus grande partie du quinzième siècle, la séparation définitive s'opère entre la philosophie et la théologie.

1re PÉRIODE.

ALCUIN, né en Angleterre vers 734, et d'abord évêque de Cantorbéry, fonde les premières écoles sur le sol français.

SCOT ERIGÉNE, né en Irlande, mort en 886, platonicien et néoplatonicien.

Querelle du réalisme et du nominalisme.

— Au onzième siècle, la question de l'origine des idées générales, divise les scholastiques en platoniciens et péripatéticiens, ou *réalistes* et *nominalistes*, les premiers soutenant que les idées sont des réalités en dehors de l'esprit, les seconds qu'elles ne sont que des abstractions et de purs concepts exprimés par des mots (*nomina, flatus vocis*). — Les principaux *réalistes* sont : SAINT-ANSELME, né à Aoste en Piémont en 1034, mort en 1109 ; vint en Normandie suivre les leçons de Lanfranc, puis devint archevêque de Cantorbéry. Ouvrages principaux : — *De fide Trinitatis*, contre ROSCELIN ; — *Monologium, sive exemplum meditandi de ratione fidei ; — Proslogium sive fides quærens intellectum.* (où se trouve la preuve de l'existence de Dieu dite *argument ontologique*). — GUILLAUME DE CHAMPEAUX, évêque de Châlons, mort vers 1120 ; fut l'ami de Saint-Bernard.

Le chef des *nominalistes* est ROSCELIN, né en Bretagne, vers le milieu du onzième siècle, chanoine de Compiègne, condamné en 1092 au concile de Soissons, pour ses propositions hérétiques sur le dogme de la Trinité.

Le *conceptualisme* est une doctrine intermédiaire, par laquelle ABEILARD crut pouvoir tenir un juste milieu entre le réalisme et le nominalisme, *Pierre Abeilard,* né en 1079 près de Nantes, est un dialecticien et un rationaliste. Fut le disciple de Roscelin et de Guillaume de Champeaux, puis enseigna à son tour à Paris, où il eut près de trois mille auditeurs. Persécuté pour hérésie, et condamné par deux conciles, il se retira à l'abbaye de Cluny, où il mourut, 1142. — Le *conceptualisme* n'est qu'un nominalisme déguisé ; Abeilard insiste sur la réalité des universaux en tant que conceptions de l'esprit.

Le nominalisme est définitivement condamné par l'Eglise, et la philosophie d'Aristote frappée d'anathème en 1209.

Les réalistes ont pour auxiliaires dans leur lutte contre Roscelin et Abeilard les *philosophes mystiques*. — SAINT-BERNARD, abbé de Clairvaux (1091-1153), poursuit Abeilard de ses anathèmes au nom de l'orthodoxie, et rejette avec indignation la dialectique rationaliste comme une arme dangereuse. — L'ECOLE DE SAINT-VICTOR a pour représentant HUGUES, prieur de l'abbaye de Saint-Victor, mort en 1141, qui proteste contre les subtiles discussions où se perd la théologie dans sa lutte contre l'indépendance philosophique d'Abeilard ; — RICHARD, prieur aussi de Saint-Victor, disciple de Hugues, né à la fin du onzième siècle, mort en 1173, qui fait de l'amour l'essence de Dieu ; — PIERRE LE LOMBARD, auteur du *Livre des Sentences*, résumé complet et exact de la science philosophique de son temps.

2º PÉRIODE.

Le treizième siècle est rempli par la lutte de deux ordres rivaux, les Dominicains, chez lesquels dominent les idées autoritaires, et les Franciscains, dont les tendances sont plus libérales. — Au treizième siècle le courant de la pensée philosophique est renouvelé par l'introduction en Occident des principales doctrines d'Aristote (commentateurs arabes d'Aristote : *Avicenne* au onzième siècle, et *Averrhoès* au douzième siècle, dont les idées pénètrent en France par les juifs venus d'Espagne, surtout *Moïse Maimonide* au douzième siècle).

Dominicains. — ALBERT LE GRAND, né en Souabe en 1205, étudie à Pavie, entre dans l'ordre dominicain, enseigne à Cologne surtout, où il a pour disciple Thomas d'Aquin, puis à Paris ; il meurt à Cologne en 1280. Très savant et très érudit, il passa pour magicien ; on l'appela aussi le second Aristote. S'occupa avec un égal succès de recherches expérimentales et de spéculations métaphysiques.

SAINT-THOMAS D'AQUIN. Né en 1225 à Aquino près de Naples, entra dans l'ordre dominicain en 1243, et suivit aussitôt les leçons d'Albert-le-Grand à Cologne ; enseigna la théologie à Paris et à Naples, et mourut en 1274. Surnommé *l'Ange de l'école*. La *Somme de théologie* est « un des plus grands monuments de l'esprit humain au moyen-âge ». — Il essaie de concilier Aristote et le christianisme ; sa philosophie a des tendances surtout intellectuelles, et il subordonne la volonté à l'intelligence, dans l'homme et en Dieu.

Franciscains. — SAINT-BONAVENTURE, né en 1221 en Toscane, entra dans l'ordre des Franciscains en 1243, et devint en 1256, général de son ordre, où il rétablit la discipline. C'est un mystique; on l'a surnommé *Doctor seraphicus*. — ROGER BACON, né en 1214 en Angleterre, (comté de Sommerset) étudia à Oxford, puis à Paris ; entra dans l'ordre franciscain en 1240, et fut aussitôt persécuté comme magicien, à cause de ses merveilleuses découvertes en physique (réfraction, télescope..); il fut détenu dix ans, et mourut en 1302. On le surnomma *Doctor admirabilis*. — RAIMOND LULLE, né en 1234, dans l'île de Majorque, mort en 1315, lapidé par les Turcs, qu'il était allé convertir. Après une jeunesse fougueuse, il entre dans l'ordre franciscain, et se fait remarquer par son exaltation religieuse, d'où son surnom de *Doctor illuminatus*. Il est l'inventeur de *l'ars magna*, mécanisme intellectuel, à l'aide duquel il prétend former, par des combinaisons variées, des propositions et des raisonnements ; c'est l'effort prodigieux d'un esprit bizarre aboutissant à de puérils résultats. — DUNS SCOT, né en 1274 en Angleterre (Comté de Northumberland), étudia à Oxford, puis à Paris, puis entra dans l'ordre de Saint-François ; enseigna à Cologne, et y mourut en 1308. Ses œuvres sont surtout des Commentaires d'Aristote et de *Pierre-le-Lombard*. Surnommé *Doctor subtilis*. Sa doctrine est intéressante par une profonde théorie de la volonté où il penche trop vers la liberté d'indifférence, dans l'homme et en Dieu.

Les scholastiques, au treizième siècle, se partagent en *Thomistes* (partisans de Saint-Thomas), et *Scotistes* (disciples de Duns Scot).

3e PÉRIODE.

Période de décadence, qui commence avec le quatorzième siècle ; les subtilités extrêmes de la dialectique et le mysticisme, consomment la ruine de la scholastique, en même temps, que la séparation définitive de la théologie d'avec la philosophie, qui prendra au seizième siècle une autre voie.

Dialecticiens. — JEAN (ou GUILLAUME) d'OCCAM, né à Occam (Comté de Surrey), dans les dernières années du treizième siècle, fut l'élève de Duns Scot, puis son ennemi ; enseigna à Paris, et prit parti pour le pouvoir temporel des rois contre les prétentions du Saint-Siège. Excommunié, 1330, il se réfugie en Bavière, et meurt à Munich en 1347. Appartient à l'ordre des Franciscains. Avec lui triomphe le nominalisme, depuis longtemps muet. — Son disciple et son contemporain BURIDAN, plusieurs fois Recteur de l'Université de Paris, commentateur d'Aristote, est aussi un défenseur du nominalisme. — PIERRE D'AILLY (1350-1425), lutte vivement pour la séparation de la théologie et de la philosophie, et attaque les formes rigides de la scolastique.

Mystiques. — Les vaines subtilités de la scholastique, dans lesquelles elle tombe de plus en plus, et le discrédit qui les entoure, favorisent la naissance et le développement du mysticisme. — MAITRE ECKART, dominicain (vers 1260-1328), né probablement à Strasbourg, fondateur du mysticisme spéculatif en Allemagne ; sa doctrine est une sorte de panthéisme idéaliste. Accusé comme hérétique, il mourut un an avant la Bulle qui le condamnait. — JEAN CHARLIER DE GERSON, représente en France un mysticisme plus sage. Né à Gerson, non loin de Reims, en 1363, élève de *Pierre d'Ailly* ; fut chancelier de l'Université ; mourut en 1429. — *Peut-être* est-il l'auteur de *l'Imitation de Jésus-Christ*, qu'on attribue parfois avec peu de raison à *Thomas de Kempen*.

PHILOSOPHIE CHRÉTIENNE ET DU MOYEN AGE

PHILOSOPHIE DES PÈRES DE L'ÉGLISE.

PHILOSOPHIE SCOLASTIQUE.

1er PÉRIODE.
Prédominance de la théologie sur la philosophie.
(IXᵉ au XIIIᵉ siècle.)

2ᵉ PÉRIODE.
Séparation de la théologie et de la philosophie.
(XIIIᵉ siècle.)

3ᵉ PÉRIODE.
Indépendance de la philosophie
(du XIVᵉ au milieu du XVᵉ sièc.)

res de l'Eglise grecque.	Saint-Denys l'Aréopagite. Saint-Irénée. Saint-Pantène. Saint-Clément d'Alexandrie. Origène. Saint-Basile le Grand. Saint-Grégoire de Nazianze. Saint-Grégoire de Nysse.	Apologie de la morale et de la théologie chrétienne, contre la philosophie païenne
res de l'Eglise latine.	Tertullien : Nie toute philosophie au profit de la foi. Arnobe. Lactance. Saint-Augustin : Psychologie, morale, théorie de la liberté.	

Alcuin : L'école du Palais.

Scot Érigène : Platonicien et néo-platonicien.

Réalisme. Saint-Anselme : Monologium, Proslogium.
Guillaume de Champeaux.

Nominalisme. Roscelin : Idées générales, pures abstractions.

Conceptualisme. Abeilard : Nominalisme déguisé.

Mysticisme. Saint-Bernard.
Hugues de Saint-Victor.
Richard de Saint-Victor.
Pierre le Lombard.

Dominicains. Albert le Grand : Surnommé le second Aristote.
Saint-Thomas d'Aquin : Doctrine intellectualiste.

Franciscains. Saint-Bonaventure : Mystique.
Roger Bacon : Premières découvertes en physique.
Raimond Lulle : Ars magna.
Duns Scot : Profonde théorie de la volonté.

Dialecticiens. Guillaume d'Occam : Fait triompher le nominalisme.
Buridan : Commentateur d'Aristote.
Pierre d'Ailly : Attaque la méthode scolastique.

Mystiques. Maître Eckart : Panthéisme idéaliste.
Gerson : Imitation de J.-C. (?)

PHILOSOPHIE MODERNE

Caractère général. — Ce qui distingue la philosophie moderne, c'est une indépendance absolue d'interprétation, une liberté complète dans la conception des doctrines.

Division. — Nous distinguerons : 1° La philosophie de la Renaissance, qui est la période d'élaboration ; — 2° la philosophie moderne proprement dite, qui est la période des résultats.

A. PHILOSOPHIE DE LA RENAISSANCE

Caractère de cette période. — La renaissance (fin du quinzième et seizième siècles), est à tous les points de vue une « époque de luttes et de discordes, une mêlée confuse des sectes, des écoles et des partis, un laboratoire ardent et tumultueux, où s'opèrent à la fois sans méthode et sans ordre les transformations les plus contraires » ; — le seizième siècle a « ramené la religion à sa source, la conscience, a subordonné l'autorité à la raison, et soumis le préjugé à l'examen. » (*Janet, La science politique*, T. II, p. 122-123). La raison conquiert définitivement son indépendance, en protestant ouvertement contre *l'autorité* (surtout celle d'Aristote), et contre la *théologie* ; après la Renaissance, les voies sont ouvertes à *Bacon* et *Descartes*.

Les causes de ce mouvement sont multiples :
1o l'épuisement de la scholastique par ses excès
mêmes ; — 2o introduction, après 1453, par les grecs
chassés de Constantinople, des *textes* de Platon et
d'Aristote, sur lesquels se produisent des commentaires nouveaux et des travaux d'érudition ; —
3e renaissance des lettres et des arts, qui ouvre à
l'esprit des horizons nouveaux, et lui donne une nouvelle impulsion ; — 4° découvertes scientifiques (Copernic, Galilée, imprimerie, poudre à canon..); —
5o réforme religieuse.

Division. — Nous distinguerons les philosophes
de la Renaissance en deux groupes, selon les tendances, empiriques ou idéalistes, qui dominent dans
leurs doctrines.

Philosophes empiriques. — Pierre Pomponat, né à Mantoue, 1462 ; philosophe et médecin :
mort en 1525 ou 1530. Se rattache à Aristote, s'efforçant de s'en faire un allié contre les vérités de la
foi ; enseigne le déterminisme, et croit que l'âme est
mortelle. Échappe à grand peine à l'accusation d'impiété, déclarant qu'il admet par la foi ce que la raison ne peut lui démontrer. Prédécesseur de Gassendi.
— Bernardino Telesio. Né en 1508 à Cosenza (Calabre),
mort en 1588. S'efforce de fonder une philosophie
de la nature fondée sur la seule raison, et attaque
vivement Aristote : donne une explication toute mécanique du monde ; sa morale est l'égoïsme. — Va-
nini, né près de Naples vers 1586, parcourt
l'Europe entière pour entendre les maîtres les plus
illustres, et vient se fixer enfin à Toulouse. Accusé

d'athéisme, il est condamné à mort par le Parlement, et brulé vif, 1619. Disciple de Pomponat, et comme lui péripatéticien, il attaque vivement les Écritures, et raille l'existence de Dieu et l'immortalité de l'âme.

Philosophes idéalistes. — Nicolas de Cusa, né à Trèves en 1401, mort en 1464, reproduit la philosophie de Platon et celle de Pythagore combinées; grand astronome, précurseur de Copernic. — Marsile Ficin, né à Florence en 1433, mort en 1499, chef de l'école platonicienne en Italie; a traduit en latin Platon, Plotin, et Proclus. Enthousiasme, souvent exagéré, pour Platon et le néoplatonisme. — Paracelse, né en Suisse, 1493, mort en 1541, professe un mysticisme alexandrin. — Patrizzi, né en 1529, enseigna à Ferrare et à Rome; mort en 1597. Adversaire violent d'Aristote, il lui oppose la doctrine platonicienne, penchant visiblement vers le néoplatonisme. — Ramus (*Pierre la Ramée*) né en 1515 en Vermandois; adversaire acharné, passionné même, d'Aristote, auquel il préfère Platon et l'induction socratique : il attaque surtout sa logique (*Aristoleæ animadversiones*), et en donne une plus simple et plus claire (*Dialecticæ institutiones*); publie en 1555 une *Dialectique* en français, premier ouvrage de philosophie en langue vulgaire. Enseigne avec éclat au Collège de France, et contribue à populariser la philosophie, en la dépouillant absolument de la scholastique. Protestant, périt pendant la Saint-Barthélemy, dénoncé par un de ses collègues péripatéticiens au collège de France. (1572) Par la liberté extrême de son esprit, il est l'un des précurseurs de la véritable philosophie moderne. — Gior-

DANO BRUNO, né vers 1548 à Nole ; entra très jeune dans l'ordre des dominicains, puis se sauva du cloître, et commença une vie errante par toute l'Europe pour y exposer et y discuter ses doctrines idéalistes et néoplatoniciennes (infinité et absolue unité de l'univers) ; il emprunte beaucoup à Plotin, et sa philosophie est un panthéisme mystique. Ses attaques contre le Pape et l'Église le firent brûler vif à Venise par l'Inquisition en 1600. — THOMAS CAMPANELLA, né en 1568 en Calabre ; entra dans un couvent de Dominicains. Se fit l'un des chefs d'un complot contre la domination espagnole, fut emprisonné pendant 25 ans, sept fois torturé, et délivré enfin en 1626, il se réfugia en France, où il mourut, 1639. Sa métaphysique (*Philosophiæ naturalis partes*) et sa politique théorique (*Cité du Soleil*), sont extraites des doctrines de Platon. Par une singulière inconséquence, sa psychologie est empirique (*duce sensu philosophandum est*); Campanella avait tenté aussi une classification des sciences. Rapprocher de la *Cité du Soleil* la *République* de Platon, *l'Utopie* de Th. Morus.

Tendances sceptiques. — Le scepticisme n'est pas à l'état de doctrine, au seizième siècle, mais seulement de tendance diffuse. — MONTAIGNE, 1533-1592 (les *Essais*) n'est pas un philosophe de profession, c'est un homme du monde qui ne veut se laisser abuser par rien et par personne, et qui, le sourire aux lèvres, répéte à tout venant et à tout propos : que sais-je ? — Son disciple *Charron*, 1541-1603, (la *Sagesse*), donne une forme systématique à ce doute fuyant, et prend, pour devise : « Je ne sais. »

B. — PHILOSOPHIE MODERNE PROPREMENT DITE

CHAPITRE Ier

BACON ET DESCARTES

BACON (1561-1626).

Biographie. — François BACON, né à Londres en 1561, fut membre du Conseil sous Élisabeth, chancelier et garde des sceaux sous Jacques Ier, qui le fit baron de Verulam. Il fut accusé de vénalité, convaincu d'avoir signé des actes illégaux, et condamné à la prison et à l'amende, en 1621, par le Parlement. Il mourut en 1626. — Son ouvrage principal est l'*Instauratio magna scientiarum*, dans lequel il se proposait d'exposer la grande réforme qu'il avait conçue de la méthode scientifique.

Analyse du Novum organum. — Le plan de l'*Instauratio magna* comprend six parties : 1° *De Dignitate et augmentis scientiarum ;* Bacon est ici comme le prophète de la science moderne, et il a une idée merveilleusement nette du rôle, de l'importance, de progrès

possibles de la science ; il donne une classification des sciences, se rapportant aux trois facultés fondamentales, *mémoire, imagination, raison;*
— 2° *Novum organum* (*novum* pour distinguer
la nouvelle méthode de *l'Organon* d'Aris
tote). Il se compose de 2 livres : — (*a*) Causes
qui ont entravé l'avènement de la vraie méthode : — α, routine, négligence pour la philosophie naturelle, abus du syllogisme ; —
β, causes morales d'erreurs que l'esprit humain révère comme des *idoles : idola tribûs,*
tenant à la nature même de l'espèce humaine;
idola speciis, notre éducation, la tournure de
notre caractère nous font nous enfermer dans
certaines idées; *idola fori,* résultant du langage par lequel les hommes se communi-
quent leurs idées ; *idola theatri,* spéciales aux
philosophes qui ressemblent à des acteurs
jouant leur rôle. — (*b*) Exposé de la méthode
pour interpréter la nature : méthode d'observation, d'expérimentation et d'induction ; Bacon est vraiment l'inventeur de l'*induction
scientifique* (Aristote n'a connu que l'*induction*
formelle). Tables pour enregistrer les résultats de l'expérience : Tables de *présence,* d'absence, de *degré* (voy. nos *Réponses aux ques-*

tions du programme de Philosophie, Logique,
Théorie de l'Induction). Se garder des induc-
tions précipitées et avant terme. (Ce 2ᵉ livre
du *Novum organum* est inachevé.)

— L'*Instauratio magna* est restée inachevée,
et nous n'avons que des fragments des quatre
autres parties.

**Caractère général de la pensée de
Bacon.** — Bacon n'a pas, à proprement parler, de doctrine philosophique, mais sa préoccupation exclusive de réformer les sciences
de la nature constitue une tendance empirique
très caractérisée, qui en fait l'un des ancêtres du positivisme moderne.

BACON (1561-1626).

Doctrine.

Biographie : Ses fonctions publiques ; l'*Instauratio magna* et le *Novum organum*.

Classification des sciences.

Nécessité de la vraie méthode (observation), dont l'avènement a été retardé par
l'abus du syllogisme, et les causes d'erreurs : classification des erreurs. — Théorie
de l'observation et de l'induction (tables
d'expérience). — Défiance à l'égard de
l'hypothèse.

Tendance empiriste : Bacon déclare que
la métaphysique est et doit rester stérile ;
il est ainsi l'un des ancêtres du positivisme.

La doctrine philosophique de Bacon est
peu de chose : il est surtout l'auteur d'une
réforme capitale dans la méthode des
sciences naturelles.

DESCARTES (1596-1650).

Biographie. — René DESCARTES est né à *La Haye*, en Touraine, 1596 (31 mars), d'une famille noble du Poitou ; son père était conseiller au Parlement de Rennes. Fait ses études au collège de La Flèche de 8 à 16 ans (1604-1612), et se fait recevoir à ses examens de droit (1616). L'enseignement qu'il a reçu ne le satisfait pas, sauf les mathématiques, et il prend la résolution d'étudier par lui-même dans sa propre nature et dans « le grand livre du monde ». Après quelques mois passés à Paris dans un travail solitaire, il prend du service (comme le faisait tout jeune gentilhomme), en 1617, dans les armées du prince Maurice de Nassau, puis entre en 1619 au service du duc de Bavière ; sa préoccupation de réformer la philosophie et les sciences le poursuit partout au milieu des camps, et dans l'hiver de 1619, « enfermé dans un poële », et concentré tout entier dans sa pensée, il conçoit déjà les principes et la méthode de sa philosophie. En 1622, il quitte le métier des armes, et voyage pour s'instruire en Allemagne et en Italie ; puis il

rentre à Paris en 1625, et renonce à embras-
ser aucun état, pour se consacrer tout entier
aux sciences et à la philosophie. Il reste deux
ans à Paris, où il retrouve un ancien condis-
ciple de La Flèche, Mersenne, devenu Mi-
nime, qui sera plus tard son seul correspon-
dant dans sa retraite studieuse. En 1628, il
prend part, en qualité de volontaire, au siège
de La Rochelle, puis revient à Paris. Mais n'y
trouvant ni la solitude qu'il cherche, ni un
climat convenable à sa santé toujours déli-
cate, il se décide enfin à partir (1629) pour la
Hollande. Il y reste vingt ans, dans la retraite
la plus absolue, changeant souvent de rési-
dence pour éviter toute importunité, et n'en-
tretenant de correspondance que par le P.
Mersenne avec le monde savant. Vivement
attaqué, et accusé d'athéisme par Voët, recteur de l'Université d'Utrecht, il échappa non
sans peine à une condamnation. En 1649, la
reine Christine de Suède le sollicita vivement
de venir à Stockholm pour y être son maître de
philosophie ordinaire; Descartes résista longtemps, puis céda à l'espoir qu'il pourrait pro-
pager ses doctrines, et faire de nouvelles
observations et expériences; il partit enfin, et

quelques mois après (février 1650), mourut d'une fluxion de poitrine. Ses amis firent revenir son corps en France seulement en 1667; il fut enseveli à Saint-Etienne-du-Mont, et depuis 1819, il repose à Saint-Germain-des-Prés.

Principaux ouvrages. — *Discours de la méthode pour bien conduire sa raison et chercher la vérité dans les sciences, avec la Dioptrique, les Météores et la Géométrie,* Leyde, 1637, en français ; — *Meditationes de prima philosophia, ubi de Dei existentia et animæ immortalitate,* Paris, 1641 ; traduction française du duc de Luynes, revue par Descartes, 1647 ; — *Principia philosophiæ,* Amsterdam, 1644, dédiés à la princesse Elisabeth, fille du roi de Bohême Frédéric, Electeur comte palatin ; traduction française par Picot, ami de Descartes, 1647. — *Traité des passions humaines,* Amsterdam, 1650; — Ouvrages posthumes : *Traité du monde ou de la lumière,* 1677 ; — *Lettres* (volumineuse correspondance), publiées par Clerselier, 1667 ; — *Regulæ ad directionem ingenii,* dans une édition des œuvres posthumes, Amsterdam, 1701.

Indiquer les traits principaux de la Philosophie de Descartes ? — La philosophie de Descartes se présente comme un système complet, que l'on peut partager en trois parties : *Métaphysique*, *Physique*, *Psychologie et morale*.

1° *Métaphysique*. — Descartes aborde la métaphysique par le problème préalable de la certitude. Mécontent des docteurs et des livres, il prend le parti de chercher la vérité par lui-même et par ses propres forces : il débarrasse son intelligence de toutes les opinions antérieurement reçues depuis le collège sans le contrôle de la raison, pour trouver une base fixe et inébranlable à la connaissance, et il commence par douter de tout ce qui ne lui paraît pas absolument démontré. C'est le *doute méthodique*, provisoire, qui n'a d'autre but que de mettre la vérité à l'abri du scepticisme. En poussant ce doute à l'extrême, Descartes se voit obligé de s'arrêter devant une vérité inattaquable : douter, c'est penser, donc c'est être (*cogito, ergo sum*) : la *réalité* de l'être pensant qui doute, voilà au moins une chose que le scepticisme ne peut mettre en doute. (*Disc. de la Méth.*, 4° partie.)

Mais une fois cette réalité du sujet pensant établie, comment lui est-il possible de sortir de lui-même? Son existence lui est évidente, mais quelle valeur attribuer à chaque pensée, prise à part? Mes pensées représentent-elles des réalités différentes de moi, ou sont-elles de pures chimères? Je puis m'en tenir à ce dernier parti, si je considère mes idées du monde extérieur: mais douter, c'est être imparfait; j'ai donc l'idée de la perfection, et cette idée ne peut avoir été mise en moi que par un être parfait, donc l'Etre parfait ou Dieu existe. Cette notion d'une existence infiniment parfaite rend seule intelligible mon existence imparfaite et finie.

Ces deux notions, du moi, de Dieu, sont certaines, parce qu'elles sont *évidentes*. Or, si nous pouvons découvrir la vérité, d'où vient *l'erreur?* elle vient de la précipitation du *jugement*, c'est-à-dire d'un usage inconsidéré de notre *volonté*.

Mais comment pouvons-nous être assurés de l'existence du monde extérieur? le monde (non tel que nous le donnent les apparences de la sensation, mais tel que la raison peut le concevoir), n'est-il pas une illusion chimérique, une *invention* de notre esprit? — Non, car l'Etre parfait existe, il ne peut donc vouloir nous tromper ; et sa *véracité* suprême nous garantit que nous ne nous trompons pas, quand nous avons l'*idée claire et distincte* du monde extérieur.

2° *Physique.* — Le monde, composé d'êtres imparfaits, tient son être de Dieu, donc il a été créé ; la création même *se continue,* car Dieu est incessamment présent à son œuvre.

La méthode de Descartes est ici déductive, comme dans toute sa philosophie. La matière est une et homogène ; son essence est l'étendue géométrique et pure, laquelle se confond avec l'espace ; donc pas d'espace vide, le monde est un plein absolu. — La diversité des corps s'explique par les différences de figures et par le *mouvement,* lequel est possible dans le plein de l'univers seulement à condition d'être circulaire (*tourbillons*). La quantité de mouvement mise dans le monde par Dieu est constante. Tous ces principes de la physique cartésienne sont autant de conséquences de l'*immutabilité divine.*

Mais où est l'expérience, dans cette physique tout à priori ? Descartes prétend ici déduire la *matière* de la science, de la *forme,* — tentative impossible : cela vient de ce qu'il n'admet pas en physique les causes finales, et de ce qu'il met au sommet de sa philosophie tout entière la libre volonté de Dieu. Mais n'était-ce pas une raison justement pour avoir recours à la méthode d'observation ? — Son grand mérite, quoi qu'il en soit, est d'avoir montré que toutes les lois du monde physique se ramènent aux lois essentielles du mouvement.

3° *Psychologie, Logique, Morale.* — L'âme étant définie par la pensée, c'est-à-dire par la raison, les êtres autres que l'homme (les animaux) ne peuvent avoir la pensée, ce sont donc de purs *organismes*, et les organismes ne sont que des combinaisons mécaniques plus compliquées. Ainsi la vie n'est pour Descartes qu'un mécanisme physiologique (animal-machine). L'homme est ainsi double, corps et âme : Descartes ne dit pas comment les deux substances s'unissent.

La pensée se distingue en *volonté* (*actions*), à laquelle il rapporte le jugement et l'erreur ; et *pensée* proprement dite (idées *adventices, factices, innées*); au-dessous de l'entendement pur, dans une région inférieure, sont les *sensations* et les *passions*, qui dépendent en partie du corps.

L'âme est immortelle; Descartes ne donne pas de cette immortalité la meilleure des preuves à fournir, la preuve morale.

— Descartes renouvelle entièrement le problème de la connaissance. Le résultat du *doute méthodique*, c'est le critérium de la certitude, *l'évidence;* la garantie suprême de l'évidence est la *véracité divine.* — Règles de la méthode (voy. l'analyse du *Discours de la Méthode*).

— La morale est contenue surtout dans le *Traité des passions* et dans les *Lettres.* Les passions sont des mouvements de l'âme produits par les mouvements des esprits animaux dans le corps. Il y en a six : admiration, amour, haine, désir, joie, tristesse. Elles doivent être réglées par la raison. On retrouve dans la morale de Descartes une forte inspiration stoïcienne.

Comparaison de Bacon et de Descartes. — A Bacon et à Descartes se rattachent respectivement les deux tendances, empirique et métaphysique que nous trouvons dans la philosophie moderne depuis le commencement du dix-septième siècle. Mais la première place appartient à Descartes : 1° Bacon opère une réforme, capitale il est vrai, seulement dans la méthode des sciences de la nature ; Descartes renouvelle à la fois la face des sciences naturelles et des sciences mathématiques ; 2° Bacon n'a fait qu'indiquer sa méthode, Descartes l'a en outre pratiquée, et en a tiré d'admirables résultats, parce qu'il est un grand savant en même temps qu'un philosophe ; — 3° Bacon n'a vu que le côté négatif de la théorie de la certitude, Descartes en fait le problème fondamental ; — 4° Bacon n'a pas de philosophie proprement dite ; il n'a pas d'opinion nette contre la métaphysique, Descartes a laissé une philosophie dont l'influence depuis n'a cessé de se faire sentir, même sur ses adversaires.

DESCARTES (1596-1650).

Doctrine.

Biographie : Ses études ; sa campagne en Allemagne ; ses voyages ; son séjour en Hollande (composition de ses ouvrages). Sa mort à Stockholm.

Principaux ouvrages : *Discours de la méthode, Méditations, Principes.*

1º *Métaphysique.* Théorie de la certitude: doute méthodique, *Cogito ergo sum*, évidence ; le moi imparfait prouve un Dieu parfait, lequel à son tour garantit (véracité divine) la réalité du monde extérieur.

Théorie de l'erreur et du jugement (attribué à la volonté).

2º *Physique.* Création continuée. La matière, *res extensa*, et le mouvement : théorie des tourbillons, — Physique déductive, où l'observation et les causes finales n'ont aucune place. Mécanisme. Théorie mécaniste de la vie.

3º *Psychologie.* L'homme seul a une âme (automatisme des bêtes); séparation absolue des deux substances, corps et âme. — Volonté et pensée (idées adventices, factices, innées) ; sensations et passions. Immortalité de l'âme. — *Logique.* Doute méthodique, évidence, véracité divine. Règles de la méthode (déductive et mathématique). — *Morale.* Classification des passions. Inspiration stoïcienne.

CHAPITRE II

HOBBES ET GASSENDI

HOBBES (1588-1679)

Biographie. — HOBBES est né en Angleterre en 1588. Contemporain et ami de Bacon, dont il traduisit en latin plusieurs ouvrages. En France, il connut Descartes, et lui adressa par Mersenne des objections contre ses *Médilations*. Mais les rapports furent bientôt rompus entre ces deux penseurs si différents. Hobbes fut constamment partisan du pouvoir absolu, et se montra l'ami fidèle de Charles II. Il mourut en 1679.

Principaux ouvrages. — *De Cive*, 1642 ; — *De natura humana*, 1650 ; — *Leviathan*, 1651 ; — *Logique*, 1655 ; — *De corpore*, 1656 ; — *De homine*, 1658. — Tous ces ouvrages réunis en 2 vol. in-4. Amsterdam, 1668.

Doctrine de Hobbes. — (*a*) *Méthode* : Elle diffère de celle de Bacon, elle est essentiellement déductive. — (*b*) *Nétaphysique* : Matérialisme absolu. — (*c*) *Psychologie* : Pas d'âme distincte ; la sensation (mécanisme organique et cérébral) engendre le désir, et la volonté n'est que le désir dominant. — (*d*) *Morale* : Morale utilitaire (plaisir et intérêt) : la loi de l'être est la recherche du plaisir. — *Politique* : Conséquence de la morale. Compétition des égoïsmes ; l'homme n'est pas naturellement fait pour la société, *homo homini lupus*, et l'état de nature est la guerre : le plus fort l'emporte, et sa force fait son droit. Pour mettre fin à la guerre, l'homme a intérêt à sacrifier son droit absolu, moyennant compensation, c'est le *contrat social* ; on fait respecter le contrat par une force physique formidable, qui est le *pouvoir civil*, armé pour protéger l'intérêt de tous. (Contradiction de Hobbes, niant la liberté, et faisant reposer la société sur un contrat). Pour constituer ce pouvoir, tous soumettent leur volonté à la volonté d'un seul, lequel jouit d'un pouvoir absolu (Erreur de Hobbes : la morale utilitaire a bien plutôt pour conséquence la liberté politique, et le contrat social est détruit par l'abdication de tous au profit du souverain).

GASSENDI (1592-1655)

Biographie. — Né près de Digne, 1592 ; professe la philosophie à l'Université d'Aix, puis entre dans les ordres, et devient chanoine de Digne ; fut lié avec Lamothe-Levoyer, Hobbes, Descartes, Mersenne, Pascal, Campanella, Kepler, Galilée ; Lecteur au collège de France, 1645. Meurt en 1655.

Principaux ouvrages. — *Exercitationes paradoxicæ adversus Aristoteleos*, 1624 ; — *Examen philosophiæ Fluddanæ*, 1631 ; — *Disquisitio adversus Cartesium*, 1642 ; — *Dubitationes et Instantiæ adversus Cartesii metaphysicam*, 1644 ; — *De vita,* *moribus et doctrina Epicuri*, 1647 ; — *Syntagma philosophiæ Epicuri*, 1649 ; — *Syntagma philosophicum* (résumé de sa propre philosophie), publié après sa mort.

Doctrine de Gassendi. — Mécontent de la scholastique et d'Aristote, il songe à ressusciter et à répandre les doctrines d'Epicure : il professe un sensualisme fort enclin au matérialisme, et déclare que la foi seule peut nous donner d'autres solutions aux problèmes que soulève la philosophie. Trois parties dans sa doctrine, comme chez Epicure :

1° **Logique.** — Quatre sections : *Idées, jugement* ou *proposition, raisonnement, méthode*. — Toutes nos idées viennent des sens: sur le raisonnement, il ajoute peu à Aristote, et revient sur sa sévérité envers le syllogisme (*Exercitationes dialecticæ contra Aristoteleos*); l'induction est à peu près ramenée au syllogisme, comme dans Aristote.

2° **Physique.** — Trois parties : (*a*) De l'existence du monde ; (*b*) Astronomie ; (*c*) Physique proprement dite, physiologie, et psychologie.

(*a*) Eléments du monde : *Temps et espace* (incorporels, conditions idéales de la création des corps, attributs de Dieu) ; *principe matériel* (atomes). Ces éléments sont combinés par un *principe efficient*, Dieu, dont l'action sur les choses a pour résultats le *mouvement*, et la *génération*. Pas de preuves métaphysiques de l'existence de Dieu; seulement la preuve par les causes finales. — Toute hypothèse sur l'origine du monde doit être rejetée : c'est le domaine de la révélation.

(*b*) Traité d'astronomie; vives attaques contre l'astrologie.

(*c*) Description de la terre et des météores. Discussion sur la pierre philosophale. — Les plantes ont une âme (Cf. Aristote). Les animaux ont une âme irraisonnable (imagination, perception...)

Psychologie. — L'âme raisonnable a en propre : l'entendement, la volonté et la motricité. — L'entendement associe les *représentations sensibles*. — La volonté est le désir, le bien est l'agréable. Analyse des passions très semblable dans Gassendi, Hobbes et Spinoza. — La motricité ne se distingue pas nettement de la volonté. — L'àme, raisonnable et immatérielle, ne peut périr.

3° **Morale.** — Le bonheur est la fin de l'homme, et l'homme le recherche par le désir. Cette morale égoïste est corrigée par le christianisme.

— Le sensualisme demi-sceptique de Gassendi n'est pas toute sa pensée : la révélation lui fournit les solutions que la philosophie ne peut atteindre.

Gassendi n'a pas fait école ; il a eu seulement quelque influence sur ses amis, le voyageur D^r Fr. Bernier, Sorbière, Chapelle, Chaulieu, Molière.

CHAPITRE III

PORT-ROYAL ET PASCAL, BOSSUET, FÉNELON

PORT-ROYAL. — ANTOINE ARNAULD (1612-1694), cartésien par l'esprit et la méthode ; grande indépendance de pensée.

Ouvrages principaux. — *La Logique ou l'Art de penser* (Logique de Port-Royal), en collaboration avec Nicole ; — *Des vraies et des fausses idées*, contre Malebranche ; — *Réflexions philosophiques et théologiques sur le nouveau système de la nature et de la grâce*, contre Malebranche.

PIERRE NICOLE (1625-1695), collaborateur d'Arnauld pour la Logique de Port-Royal, est surtout un moraliste chrétien.

Principaux ouvrages. — *Essais de morale ;* — *De la Connaissance de soi-même* (point de vue tout moral) ; — *Discours sur les preuves de l'existence de Dieu et de l'immortalité de l'âme*, 1670.

PASCAL. — BLAISE PASCAL, né à Clermont-Ferrand, 1623. Son père, président à la Cour des Aides, s'occupait beaucoup de mathématiques, et réunissait souvent chez lui des savants ; il vint à Paris pour l'éducation de son fils, qui montrait une étonnante précocité : à onze ans, Blaise compose un remarquable *Traité des sections coniques*, à douze il *retrouve* tout seul la géométrie jusqu'à la 32ᵉ proposition d'Euclide ; à dix-huit, il invente son ingénieuse machine arithmétique, puis entrevoit la théorie du calcul des probabilités, et celles du calcul différentiel et intégral. Il fait ses expériences barométriques au Puy-de-Dôme et sur la tour Saint-Jacques (1646-1648), et publie en 1647 ses *Expériences sur le vide*, et en 1648 son *Traité de l'équilibre des liqueurs*.

Sa foi vive et ardente l'avait fait se retirer à Port-Royal, depuis 1654 (accident du Pont de Neuilly): il prit part aux luttes des Jansénistes contre les Jésuites (*Provinciales* 1656-1657). Malade depuis sa première jeunesse, il souffrait continuellement ; toutefois il travaillait à la composition d'une apologie de la religion chrétienne, dont il ne nous reste que des notes et des matériaux, car la mort (1662) l'empêcha de l'achever. Ces notes, réunies par les amis de Pascal, forment ce qu'on appelle les *Pensées*.

Philosophie de Pascal. — L'éducation philosophique de Pascal a été superficielle : toutefois il a connu certainement Descartes, et a subi son influence ; il est cartésien avant les Pensées (voy. *Traité du vide*), et même dans les *Pensées*, il y a plusieurs passages cartésiens : Sur l'âme des bêtes ; explication de la sensation ; mécanisme ; distinction de l'âme et du corps ; dignité de la pensée. « Je puis bien concevoir un homme sans mains, pieds, tête,...

mais non point sans pensée ; » cf. Descartes : « Sum res cogitans ; » — « L'homme n'est qu'un roseau, mais un roseau *pensant*. »

Mais cette philosophie rationaliste ne suffit pas à Pascal : il met la foi ardente et passionnée au-dessus de la raison, parce que la raison de l'homme, comme sa nature tout entière, est *déchue*, et qu'elle est impuissante par elle-même à atteindre la vérité. Là où la raison ne peut arriver, c'est à l'amour à l'entreprendre, c'est au cœur à agir : « Le cœur a son ordre ; — le cœur a ses raisons que la raison ne connaît pas ; c'est par le cœur que nous connaissons les premiers principes » Le prétendu *pyrrhonisme* de Pascal ne porte donc que sur la raison ; mais ici il faut dissiper un malentendu : il appelle *raison* la faculté du raisonnement, et donne le nom d'*amour* à la raison intuitive. Il ne veut pas supprimer la raison, il veut seulement rabattre son orgueil, et « troubler le dogmatisme, » car la *raison* reste faible et désemparée, sans l'*amour* ou le *cœur* qui l'éclaire d'une lumière supérieure. Il y a ainsi une hiérarchie dans l'univers, qui comprend trois *ordres* : au degré le plus inférieur, l'ordre des *corps* (mécanisme carté-sien); puis vient l'ordre des *esprits*, infiniment supérieur à celui des corps ; et enfin à une « distance infiniment plus infinie, » l'ordre de la *charité*, qui a pour objet Dieu.

BOSSUET (1627-1704) n'est pas un philosophe original. Sa doctrine est un rationalisme cartésien accommodé à la tradition de saint Thomas. Le Dieu de Bossuet est une pensée suprême qui agit selon les lois de son intelligence éternelle; preuves cartésiennes de l'existence de Dieu; Bossuet admet d'ailleurs que l'homme ait une intuition intellectuelle de Dieu. — Ouvrages philosophiques : *Logique*, et *De la connaissance de Dieu et de soi-même*.

FÉNELON (1650-1715), cherche à allier une philosophie rationaliste avec la foi la plus vive, donnant même à la raison la première place. Admet toute la théodicée cartésienne, mais croit, contre Descartes que nous avons non seulement une idée, une conception de Dieu, mais une *vision* mystique (théorie platonicienne, et de saint Augustin). — Ouvrages philosophiques : *Traité de l'existence et des attributs de Dieu; — Lettres sur la métaphysique; — Réfutation du système de Malebranche sur la nature et la grâce*.

CHAPITRE IV

SPINOZA. — MALEBRANCHE

SPINOZA (1632 - 1677).

Biographie. — Baruch SPINOZA est né en
1632, à Amsterdam, d'une famille juive de
marchands portugais. De bonne heure il aban-
donna la religion israélite : dès l'âge de
quinze ans, il mit en doute l'authenticité des
Ecritures, et scandalisa les rabbins, qui l'ex-
communièrent. Persécuté, il quitta Amsterdam, se retira à La Haye, et changea son nom
de Baruch en celui de Benoît. Il passa à La
Haye le reste de sa vie, pauvre et caché, ga-
gnant sa vie par un métier manuel (taille et
polissage des verres d'optique), sans ambition,
refusant la chaire de philosophie d'Heidelberg,
et la pension que lui offrait Condé de la part
de Louis XIV, et préférant aux honneurs son
indépendance et sa retraite studieuse. Il mou-

rut d'une maladie de poitrine en 1677, vénéré
de tous ceux qui le connaissaient.

Principaux ouvrages. — *Tractatus theo-
logico-politicus*, Hambourg, 1670 ; — Œuvres
posthumes : *Ethica more geometrico demons-
trata*, (qui contient l'exposé complet de sa
philosophie) ; *Tractatus politicus ; Tractatus de
emendatione intellectûs* (qui est comme le Discours de la méthode de Spinoza), 1677.

Emprunts de Spinoza à Descartes.
— On a appelé la doctrine de Spinoza un « car-
tésianisme immodéré. » C'est une bien grave
parole, et il n'est pas vrai de dire que Spinoza
tire de la philosophie de Descartes ses dernières conséquences logiques. Il lui a emprunté seulement : 1° sa méthode toute déductive (*more geometrico*, dit-il lui-même) ; — 2°
sa théorie de la nature *passive des êtres créés*,
et de la création continuée, d'où il a cru
pouvoir affirmer qu'il n'y a qu'un seul être
actif, une seule cause, une seule substance,
Dieu.

Ces éléments n'auraient pas suffi à Spinoza
pour construire son *panthéisme* ; il a emprunté
l'esprit qui anime toute sa doctrine à la *kabbale* juive.

Panthéisme de Spinoza. — Il débute (voy. *Ethique*) en affirmant l'unité d'être par la définition de la substance « *Ce qui existe en soi et par soi* ». La substance, en vertu de la loi de son développement éternel, se développe par une infinité *d'attributs* infinis, parmi lesquels deux seulement sont conçus par nous, la *pensée* et l'*étendue ;* chacun de ces attributs engendre à son tour, par la même loi de développement, une infinité de *modes* finis (l'attribut de l'étendue, par exemple, engendre une infinité de corps). A chaque mode de l'étendue correspond un mode corrélatif de la pensée, et vice versa ; *tous* les êtres sont ainsi à la fois corps et esprit.

Ce développement de la substance est une loi fatale et aveugle : Dieu n'a ni volonté ni but, son action est *nécessaire*, et la *nature naturante* (substance et attributs) ne peut pas ne pas engendrer dans son évolution la *nature naturée* (modes) telle qu'elle est.

L'homme, comme tous les êtres de la nature, n'est donc pas un être réel, il n'est qu'un assemblage de deux modes, pensant et étendu : ce qui le distingue des autres êtres c'est une clarté plus grande dans la connaissance des causes de ses actes. La connaissance, d'abord *inadéquate* et confuse (notions particulières), devient de plus en plus claire et *adéquate* (idées générales) en exprimant un plus grand nombre de qualités contenues dans son objet. Nous devons nous efforcer d'acquérir des idées de plus en plus générales, et de concevoir de plus en plus clairement l'idée la plus générale de toutes, celle de la substance infinie et unique.

Quelle sera la morale d'un tel système ? — La liberté de l'homme n'est qu'une illusion, c'est « l'ignorance des causes qui nous font agir » ; appliquons-nous à comprendre de mieux en mieux l'universelle nécessité (déterminisme). La morale est la science du bonheur par le développement de la raison ; en vous élevant vers la conception de Dieu, nous nous préparons une vie immortelle, car l'âme n'étant que l'assemblage de ses idées, ne peut périr, si ses idées se rapportent à des objets impérissables.

La doctrine de Spinoza est le type des systèmes panthéistes.

SPINOZA (1632-1677).

Doctrine.

Biographie : Chassé de la synagogue d'Amsterdam ; vie pauvre et ignorée à La Haye.

Principaux ouvrages : *Ethique. Traité de la réforme de l'entendement.*

Méthode: Démonstration *more geometrico.*

Emprunts à Descartes : Méthode, passivité des êtres créés, création continuée.

Panthéisme (emprunté à la kabbale juive). La substance, les attributs, les modes. La nature naturante, et la nature naturée.

L'homme, pensée et étendue, Connaissance inadéquate, puis adéquate. — Déterminisme : Morale, science du bonheur par le développement de la raison, et préparation ainsi de l'immortalité.

MALEBRANCHE (1638-1715).

Biographie. — Né à Paris, 1638. Son père était Secrétaire du roi. Il reçut dans la maison paternelle sa première éducation, et fit sa philosophie au Collège de la Marche. Puis il prit ses grades de théologie en Sorbonne, et en 1660, il entra dans la congrégation de l'Oratoire. Il s'appliqua d'abord sans succès à des travaux d'histoire, d'érudition et de critique ; puis la lecture du *Traité de l'homme* de Descartes, lui révéla tout à coup sa vocation philosophique. Il étudie dès lors Descartes concurremment avec saint Augustin, et se prépare ainsi laborieusement à la publication de la *Recherche de la Vérité*, 1674. Le succès de cet ouvrage fut grand, mais lui attira de vives controverses, avec Arnauld et Bossuet principalement ; ces controverses durèrent

près 'e vingt ans. Plusieurs autres ouvrages (voy. plus bas) eurent autant de succès, mais l'entraînèrent dans une non moins vive polémique. Nommé membre honoraire de l'Académie des Sciences en 1699, il mourut le 13 octobre 1715.

Principaux ouvrages. — *De la Recherche de la Vérité*, 1674 ; — *Conversations métaphysiques et chrétiennes*, 1677 ; — *Traité de la nature et de la grâce*, 1680 ; — *Traité de morale*, 1684 ; — *Méditations métaphysiques et chrétiennes*, 1684 ; — *Entretiens sur la métaphysique et la religion*, 1688 ; — *Traité de l'amour de Dieu*, 1697 ; — *Entretiens d'un philosophe chrétien et d'un philosophe chinois sur la nature et l'existence de Dieu*, 1708 ; — *Réflexions sur la prémotion physique*, 1715.

Emprunts de Malebranche à Descartes. — 1º Théorie de la passivité des créatures, qui n'ont dès lors aucune activité, et idée de la création continuée ; — 2º Séparation absolue de l'étendue et de la pensée, du corps et de l'âme ; d'ailleurs aucune action des substances les unes sur les autres, quelles qu'elles soient. — (La théorie des causes occasionnelles, résulte de ces deux doctrines.) — 3º Théorie de l'innéité, dont l'excès et l'interprétation inattendue est la *vision en Dieu* (nous voyons toutes choses dans leurs idées, lesquelles sont en Dieu, Dieu étant la seule réalité que nous connaissons directement).

Doctrine de Malebranche. — Il ne faut pas voir dans Descartes seul l'origine de la philosophie de Malebranche ; il est métaphysicien par nature, et sa philosophie est sortie des profondeurs de son âme chrétienne. L'union intime de l'âme avec Dieu,

et l'action permanente indispensable de Dieu sur
l'âme, voilà sa doctrine fondamentale; il maintient
la distinction de la raison et de la foi, mais déclare
qu'elles ont une égale autorité, et sont indispensables
l'une à l'autre. Donc il faut croire à Dieu d'abord,
puis philosopher en prenant cette croyance comme
base.

Théorie de la Connaissance — Toute pensée
correspond à un objet réel car « le néant est inin-
telligible »; donc il y a identité .de nature et de
lois entre l'esprit et son objet, entre l'intelligible et
le réel. L'objet de la pensée est l'*idée*, au sens platonicien, laquelle n'est ni une modification de l'esprit,
ni un *tertium quid* entre l'esprit et son objet, mais
la réalité intelligible elle-même. Or ces idées ne
s'expliquent point par elles-mêmes ; elles résident
dans l'entendement de Dieu, c'est-à-dire du Créa-
teur qui a en lui les idées de toutes choses. Par
conséquent nous voyons tout en Dieu (*vision en
Dieu*). Malebranche s'appuie ici beaucoup sur Platon
et saint Augustin. — La raison est ainsi une faculté
universelle, de nature divine, et communiquée à
l'homme par une révélation naturelle.

Théodicée. Optimisme. — « Dieu ou l'infini n'est
pas visible par une idée qui le représente ;... car
l'infini ne se peut voir qu'en lui-même... Si on
pense à Dieu, il faut qu'il soit, car on ne peut voir
l'idée de l'être sans l'être. » Donc nous connaissons
Dieu intuitivement, par *simple vue* (tendance mystique).

Dieu agit toujours dans le monde par sa Provi-
ence, selon les lois les plus simples et les plus gé-

nérales; le mal que nous croyons voir dans l'univers n'est qu'apparent, et doit être une condition du plus grand bien possible.

Théorie de la volonté; causes occasionnelles. — Dieu est donc le principe de toute intelligibilité, donc de l'être, du mouvement, de la vie. L'activité humaine n'est qu'une apparence, comme les autres; les êtres créés, étant passifs, n'agissent pas, ils « sont agis »: ils ne sont que des *causes occasionnelles*, c'est-à-dire des occasions à propos desquelles Dieu, seule vraie cause, parce qu'il est l'être par soi, intervient dans le monde pour produire tel ou tel mouvement. On a objecté à Malebranche: quelle distinction dès lors entre Dieu et le monde ? — La foi seule le sauve du panthéisme de Spinoza.

Morale. Théorie des passions. — La morale de Malebranche n'est au fond qu'une méthode pour se débarrasser des erreurs de l'imagination, des sens, etc., et pour arriver à une union plus étroite avec Dieu. Comme tous les cartésiens, Malebranche confond la sensibilité et la volonté: or quel usage devons-nous faire de notre volonté?

Dieu s'aime infiniment lui-même, et aime tous les êtres selon leur rapport plus ou moins étroit avec sa propre perfection. Si donc Dieu crée des âmes, c'est pour lui-même, c'est pour être connu et aimé par eux, et il mettra dans ces âmes des *inclinations* qui les porteront infailliblement vers lui. L'âme humaine est donc faite pour aimer Dieu; c'est sa loi, même inconsciente, et sa destination. Or *inclination* et *volonté* sont même chose pour Malebranche; la volonté n'est que le mouvement naturel imprimé à l'homme par Dieu pour qu'il tende vers Dieu. Donc la liberté est toute négative : laisser notre âme suivre ses aspirations vers l'infini. Quand nous ne le faisons pas, quand nous nous arrêtons à un bien particulier comme si c'était le bien suprême, nous péchons. — Il y a une différence dans Malebranche entre les *inclinations* et les *passions :* les passions sont les inclinations inférieures, celles qui ont pour but la conservation du corps ; elles nous sont données par Dieu, mais nous ne devons pas nous y arrêter, au détriment des *inclinations* proprement dites, qui de près ou de loin ont Dieu pour objet.

CHAPITRE V

LEIBNITZ.

LEIBNITZ (1646-1716).

Biographie. — Né à Leipsick, 1646 ; il perdit à six ans son père, professeur à l'Université. Sa jeunesse studieuse le porta vers les connaissances les plus variées, et il suivit successivement dès l'âge de quinze ans, les cours des universités de Leipsick, de Iéna, d'Altdorf (Bavière), étudiant le droit, l'histoire, la politique, la philologie, les mathématique, la philosophie.

1re *Période, de travaux préparatoires* (1667-1672). — Nommé conseiller à la Cour de l'Électeur de Mayence (1667-1672) ; exposé sa théorie du mouvement dans deux opuscules adressés l'un à la société royale de Londres, l'autre à l'Académie des sciences de Paris (1668-1669), puis sa théorie de la substance,

à propos de la question de la transsubstantia-
tion (correspondance avec Arnauld 1671).

2e *Période. Voyages.* — En mission diploma-
tique à Paris, 1672 ; y connaît les ouvrages
mathématiques de Pascal qui « lui ouvrent
tout d'un coup l'esprit » ; s'entretient de géométrie avec Huyghens, de théologie avec
Arnauld, de philosophie avec Malebranche ;
essaie, en vain, de décider Louis XIV à entreprendre la conquête de l'Egypte, et a plusieurs
entrevues avec Colbert. — Sauf les trois premiers mois de 1673 passés à Londres, et un
court voyage en Hollande, un peu plus tard,
(pendant lequel il voit Spinoza), il séjourne à
Paris jusqu'en 1676. — Contestation avec Newton, en 1676, pour la priorité de l'invention
du calcul différentiel (il y avait simple coïnci-
dence entre leurs recherches).

3e *Période. Principaux travaux.* — Rentre en
Allemagne, et va se fixer à Hanovre, pour y
remplir les fonctions de conservateur de la
Bibliothèque, que lui offre le duc de Bruns-
wick-Lunebourg (1676-1687). Publication d'un
Code du droit des gens ; — projet d'une *carac-
téristique* (langue) *universelle ; —* négociations
avec Bossuet (1678-1683) pour la réconcilia-

tion des Églises catholique et réformée (il était protestant), sans résultats : ce projet l'occupa vingt ans (1673-1693). — Voyages en Allemagne et en Italie (1687-1690), pour recueillir les matériaux d'une histoire de la maison de Brunswick (publiée en partie en 1711, et restée inachevée). — Élu associé étranger de l'Académie des sciences de Paris. — Donne à l'Électeur de Brandebourg (qui devint Frédéric Ier) le plan d'une Société des sciences de Berlin, qui est fondée aussitôt (1700). — Compose pour le tzar Pierre le Grand (1711) un plan d'organisation pour la Russie (sciences, lettres, arts, projets de toute sorte d'organisation intérieure, etc). — Donne aussi des conseils à l'Empereur d'Autriche, connaît à Vienne le Prince de Savoie, auquel il dédiera la *Monadologie*.

Rentre à Hanovre, 1714, où il achève sa vie isolé et presque oublié. — Correspondance avec Clarke, interrompue par la mort (1716) (1).

Principaux ouvrages. — *De primæ philosophiæ emendatione et de notione substantiæ.*

(1) Nous empruntons cette division si nette de la vie de Leibnitz à l'Introduction d'une remarquable édition de la Monadologie de M. Boutroux.

1694 ; — *Système nouveau de la nature et de la communication des substances*, 1695. — *Nouveaux essais sur l'entendement humain*, 1703, pour répondre à l'*Essai* de Locke ; — *Essais de Théodicée*, 1710, en français ; — *Traité de la nature et de la grâce*, 1714, en latin ; — *Monadologie*, 1714, en français.

Doctrine de Leibnitz. — 1° *Théorie de la connaissance*. Toutes nos connaissances ne viennent pas des sens, comme le prétend Locke ; l'âme n'est pas une *table rase*, mais elle contient originairement en germes, des notions qui se développent à l'occasion de l'expérience ; ces notions innées, nécessaires et universelles, sont dans l'âme comme les contours d'une statue d'Hercule dessinés à l'avance au sein d'un bloc de marbre, et sous l'excitation de l'expérience ces *prédispositions* intellectuelles se dégagent et apparaissent plus nettement. L'esprit avec ses notions fondamentales est ainsi inné à lui-même, et Leibnitz corrige la célèbre maxime sensualiste : *Nihil est in intellectu quod non prius fuerit in sensu*, par cette restriction : *nisi ipse intellectus.*

Ces notions innées se rapportent à deux

points de vue principaux : *mathématique,
métaphysique :* — 1° Le principe mathématique est le principe de *contradiction*, qui ne
régit que l'ordre des possibles : *Ce qui n'est
pas contradictoire est possible* ; — 2° Le principe métaphysique, qui s'applique à la réalité, est le principe de *raison suffisante* : *Rien
n'existe sans une raison*, c'est-à-dire sans une
cause pourquoi elle est de telle manière plutôt
que d'une autre ; par ce principe seulement,
nous approfondissons les choses et nous en ren-
dons complètement compte. Le principe de
raison suffisante résume en soi les principes de
causalité et de *finalité*, on y rattache aussi le
principe de *continuité* (la nature ne fait pas
de sauts), d'après lequel il n'y a pas de solution
de continuité dans la série des phénomènes,
parce qu'elle serait sans raison, — et le principe des *indiscernables* (deux choses ne sont
jamais tout à fait semblables), d'après lequel
nous devons chercher des idées claires et surtout *distinctes* des choses, car la confusion absolue de deux choses est contre toute raison.

Les préliminaires obligés de cette double
méthode, mathématique ou logique, et métaphysique, est l'*expérience*, et l'*éclectisme*

(emprunts aux autres doctrines et conciliation. Cf. Aristote et V. Cousin).

2° *Les monades* (*théorie dynamiste de la substance.*) — Leibnitz s'efforce de remplacer le dualisme irréductible de la matière et de l'esprit (*res extensa, res cogitans*), et la passivité, de la substance, enseignés par Descartes, par une théorie de l'unité et de l'activité de la substance. — Toute substance est, par nature, une *force* simple, c'est-à-dire une *monade* (μονὰς, *unité*). Les monades sont *inétendues* et *indivisibles* (condamnation de l'atomisme), *sans figure* (la figure impliquerait des parties), elles *ne peuvent commencer ni finir naturellement.* Les monades sont des activités tout *internes*, douées de *perception* et d'*appétition* : la perception est la modification par laquelle une monade représente les autres monades ; — l'appétition est la tendance à passer à des perceptions plus nettes.

Il y a diverses sortes de monades : les *monades toutes nues* ou *entéléchies*, qui ont les appétitions et les perceptions les plus humbles (monde inorganique, et végétal) ; — les *âmes* (animaux) douées de mémoire et d'association empirique ; — les *esprits* ou monades douées d'aperceptions (perceptions et réflexion), et de raison : homme.

Tout être est formé d'un corps et d'une âme: le corps est une réunion de monades dont les *rapports de coexistence* nous donnent la notion *d'étendue* ; l'âme est la monade dominante, qui donne au corps son unité. — Mais les monades ne peuvent pas avoir d'influence *réelle* les unes sur les autres, elles « n'ont point de fenêtres par lesquelles quelque chose puisse y entrer ou en sortir » ; elles ne peuvent avoir qu'une influence *idéale*, en vertu d'une *harmonie préétablie* par l'intelligence divine.

3º *Psychologie. Déterminisme.* — L'âme humaine est une monade raisonnable, *vis sui conscia, sui potens, sui motrix ;* elle n'est pas, à proprement parler, unie au corps, mais elle est d'accord avec lui par l'harmonie préétablie, comme deux horloges réglées ensemble.

L'âme est *libre* ; mais la liberté consiste pour Leibnitz dans une spontanéité réglée par l'influence des motifs les plus forts (l'intelligence est l'âme de la liberté). C'est le *déterminisme* psychologique.

4º *Morale.* — La morale de Leibnitz est na-

turellement tout intellectualisto ; les actes déterminés par des perceptions distinctes sont
bons, ceux déterminés par des perceptions
confuses sont mauvais ; le rôle de la morale
est donc de dresser la volonté à se détermi-
ner d'après des perceptions distinctes. Par là
nous atteignons la fin que doit se proposer
notre conduite, laquelle n'est ni l'obéissance
à la loi positive, ni la soumission à la volonté
de Dieu, mais la *félicité* qui consiste dans une
joie raisonnable. (Cf. l'eudémonisme rationnel d'Aristote) : par là nous voyons que si le
monde est ce qu'il doit être, et nous ne pouvons en douter, le bonheur est nécessairement
d'accord avec la vertu. A mesure que notre
volonté se perfectionne ainsi, elle prend part
davantage à la perfection des autres êtres,
c'est-à-dire elle aime davantage les autres
hommes et Dieu.

5° *Théodicée. Optimisme.* — Le mot de *Théodicée* est de Leibnitz : il signifie justification
de la Providence divine, contre les objections
tirées de l'existence du mal. Preuves de l'existence de Dieu : — 1° A posteriori (a) Dieu est
la *raison suffisante* suprême des existences
contingentes ; — (b) Dieu est l'auteur de l'har-

monie qui préside à l'univers ; — 2° A priori :
(*a*) Dieu est la source des possibilités ou es-
sences, et des vérités éternelles ; — (*b*) L'existence de Dieu n'implique pas contradiction,
donc il est.

Attributs de Dieu : Dieu est *un, parfait, infini ;* c'est une *volonté créatrice ;* sa volonté est
subordonnée à son entendement, d'après le
principe de la *convenance* ou *du meilleur* (Dieu
a fait nécessairement le monde le meilleur
parmi tous les mondes possibles : c'est l'*optimisme*).

Biographie : Enfance et jeunesse studieuses, Conçoit de bonne heure sa théorie du mouvement et celle de la substance. — Voyage à Paris ; ses relations. Invention du calcul différenciel. — Se fixe à Hanovre. Projet de langue universelle. Négociations avec Bossuet pour la réconciliation des églises chrétiennes. Fonde la société des sciences de Berlin. — Rapports avec le tzar Pierre-le-Grand.

Principaux ouvrages : *Communication des substances ; Nouveaux essais ; Théodicée ; Traité de la nature et de la grâce : Monadologie.*

1º Théorie de la connaissance : idées innées (virtualités intellectuelles) ; principe de contradiction, principe de raison suffisante (causalité et finalité ; principe de continuité ; principe des indiscernables). — Méthode : expérience et éclectisme.

2º Théorie des monades (dynamisme) : Nature et attributs des monades. Hiérarchie des monades (entéléchies, âmes, esprits). Harmonie préétablie.

3º Psychologie : Harmonie préétablie du corps et de l'âme. Déterminisme psychologique.

4º Morale : tout intellectualiste. Notre fin est la félicité ou joie raisonnable. Accord du bonheur et de la vertu.

5º Théodicée (mot inventé par Leibnitz) : Preuves *a priori* et *a posteriori* ; attributs, optimisme.

LEIBNITZ (1646-1716).

Doctrine.

CHAPITRE VI

PHILOSOPHIE ANGLAISE AUX XVIIe ET XVIIIe SIÈCLES

LOCKE (1632-1704).

Biographie. — Né en Angleterre, 1632. Fait des études remarquables à l'Université d'Oxford, prend le grade de docteur en médecine, et sa vocation philosophique se révèle par la lecture de Descartes. Champion de la liberté civile et religieuse, il est inquiété, persécuté, et enfin proscrit par les Stuarts ; il se retire en Hollande (1680-1689) et ne rentre en Angleterre qu'à la suite de Guillaume d'Orange, devenu roi. En grande faveur auprès du nouveau gouvernement, il remplit même la charge importante de Commissaire royal du commerce et des colonies. Il se retire à Oates (Essex) dans la vie privée, en 1700, et y meurt en 1704. — Le caractère militant et social de sa philosophie fait son succès en Angleterre et en France.

Principaux ouvrages. — *Lettres sur l'éducation,* — *Christianisme raisonnable,* — *Essai sur l'entendement humain* (1690), — *Essai sur le gouvernement civil.*

Doctrines de Locke. — 1° *Théorie sensualiste de l'origine des idées.* Il refuse à Descartes toute innéité dans l'intelligence ; les enfants, les fous, les sauvages, les idiots, en effet, en sont dépourvus : l'âme, à l'origine, est une *table rase,* et *toutes* les idées (même celles d''infini, d'absolu, de bien, etc.) ont pour origine l'expérience, et ne sont que des généralisations plus ou moins vastes de l'esprit. A la sensation, Locke ajoute la *réflexion,* qui élabore pour les combiner de différentes manières les sensations.

2° *Théorie des idées représentatives.* — Nous ne percevons pas les choses elles-mêmes, mais les idées seulement par lesquelles nous nous les représentons ; ces idées sont ainsi un intermédiaire entre esprit et l'objet (Les conséquences sont un scepticisme idéaliste ; Th. Reid a réfuté longuement cette doctrine).

3° *Psychologie, Morale.* — L'âme est distincte du corps, par un pur effet de la volonté de Dieu, car il aurait pu, s'il avait voulu, donner à la matière le pouvoir de penser; la *nature* de l'âme ne peut nous être connue que par révélation. Toute la morale de Locke repose sur le bonheur et l'intérêt.

4° *Théodicée.* — De même la révélation seule peut nous faire connaitre la *nature* de Dieu; quant aux preuves de son existence, Locke préfère les preuves à postériori, aux preuves à priori qui n'ont guère pour lui de valeur.

5° *Doctrines politiques et sociales.* — Réfutation de Hobbes : L'*état de nature* pour l'homme n'est pas la guerre à main armée, à laquelle met fin une tyrannie qui s'impose ; c'est la *liberté* et le droit naturel antérieur à la société civile (droit confondu avec l'utilité sociale ou individuelle).—Le produit immédiat de la liberté est la *propriété,* dont le fondement est le *travail.*—Liberté personnelle sacrée (droit de légitime défense); condamnation de l'esclavage.

Société civile et politique, développement de l'état naturel ; sa base est la liberté, grâce à laquelle seule un contrat peut être établi par le consentement commun. — Le gouvernement ne saurait être une monarchie, car c'est la plus sûre garantie d'un état de guerre dans la société (contre Hobbes); il doit être limité par l'étendue des droits naturels dont il a la sauvegarde (apologie de la révolution d'Angleterre). Droit de révolution; souveraineté du peuple. — Séparation de l'Église et de l'État.

Libéralisme de Locke, opposé au caractère despotique de Hobbes. — Son influence sur le dix-huitième siècle, sur Condillac, Montesquieu, Rousseau.

LOCKE (1532-1704). Doctrine.

Biographie : Persécuté pour son libéralisme civil et religieux, se retire en Hollande; rentre en Angleterre avec Guillaume d'Orange.

Principaux ouvrages : *Lettres sur l'éducation; Essai sur l'entendement humain.*

Théorie de la connaissance : Il n'y a pas d'idées innées ; l'âme est une table rase ; sensation et réflexion ; idées représentatives.

Psychologie : L'âme distincte du corps; sa nature connue seulement par révélation. — Morale de l'intérêt.

Théodicée : Preuves *a posteriori* de l'existence de Dieu. Sa nature connue seulement par révélation.

Doctrines politiques et sociales : Liberté et droit naturel (confondu avec l'utilité sociale). Travail, fondement de la propriété. Contrat libre, base de la société civile et politique. — Droit de révolution; souveraineté du peuple. Séparation de l'Église et de l'État.

Influence de Locke en France au XVIIIᵉ siè-

BERKELEY (1685-1753).

Biographie. — George BERKELEY, né en Irlande, 1685, fut évêque de Cloyne, 1734, et mourut
à Oxford, 1753.

Principaux ouvrages. — *Nouvelle théorie de
la vision*, 1709 ; — *Traité des principes de la connaissance humaine*, 1710 ; — *Dialogues entre Hy-
las et Philonoüs*, 1713 ; — *Alciphron, ou le petit
philosophe.*

Doctrine. — La croyance à l'existence de la
matière est pour Berkeley la source première de
l'irréligion et de l'immoralité, et il s'efforce de
prouver que le monde externe n'existe pas : c'est
un franc *idéalisme*, appelé souvent *immatérialisme.*
Il n'y a pas d'autre réalité que les esprits humains
et l'esprit de Dieu : *esse est percipere* (ce sont les
esprits), *aut percipi* (les idées); les idées sont les
seuls véritables objets de l'esprit, et ce que nous
appelons le monde extérieur n'est que l'ensemble
de nos idées, car nous ne pouvons vraiment connaître que ce qui est en nous. Ce n'est pas à dire
que nous construisons nous-mêmes de toutes pièces
nos idées, nous n'en sommes pas les véritables
causes, et la vraie cause est la cause même qui a créé
nos esprits, c'est-à-dire un esprit supérieur, infini, qui
produit en nous nos idées ; l'Intelligence suprême
est ainsi la source de toute réalité.

HUME (1711-1776).

Biographie. — David HUME, né à Edimbourg,

1711, renouça au droit, puis au commerce, pour la philosophie et les lettres (il est à la fois historien et philosophe). Il séjourna quelque temps à Paris, et y connut Rousseau, avec lequel il se brouilla bientôt. Sa vie est d'ailleurs paisible et remplie par les vertus privées les plus estimables. Mort en 1776.

Principaux ouvrages. — *Traité de la nature humaine*, 1739; — *Recherches concernant l'entendement humain*, 1748; — *Dialogues sur la religion naturelle*.

Doctrine. — Berkeley avait tiré de la théorie des idées représentatives de Locke la négation du monde extérieur; Hume déclare que la substance pensante n'a pas plus droit de subsister que la substance matérielle, et conclut qu'il n'existe que des sensations. La méthode qui l'a conduit à cette conclusion est une méthode *critique* (analyse de l'intelligence, pour en découvrir les lois) : par-là, mais par-là seulement, il est le précurseur de Kant.

Donc l'esprit n'existe pas, en tant que réalité distincte des phénomènes de conscience : le *moi* n'est ainsi qu'un *assemblage d'impressions* et d'idées (qui toutes d'ailleurs viennent des sens), groupées d'après les lois de l'*association*. L'association est la loi suprême de l'esprit, et ajoutée à la sensation, elle rend compte de toutes nos connaissances : l'idée de *cause*, par exemple, est ramenée à une association habituelle de deux phénomènes qui se présentent en *succession* constante, l'un étant toujours antécédent, l'autre toujours conséquent; par là la causalité est ramenée à la succession.

La doctrine de Hume, niant aussi bien la sub-

stance dans l'ordre spirituel que dans l'ordre
matériel, et réduisant tout à des associations habituelles, de faits de conscience, a été appelée
phénoménisme ; c'est, à un certain point de vue, un
scepticisme. Reid l'a vivement combattue, et fortement réfutée.

Adam Smith (1723-1790).

Adam Smith est à la fois économiste et moraliste. Toute la morale repose selon lui sur le sentiment de la *sympathie* (idée empruntée d'ailleurs à
Hume) : la sympathie ou l'antipathie qui suscite
une action, est juge souverain de la moralité de
cette action. — Mais la sympathie, objecte-t-on, est
individuelle, variable : quelle mesure prendre ? —
Celle d'un *spectateur impartial*. — On répond à
Adam Smith que la *sympathie* du *spectateur impartial* n'est autre que le *jugement de la conscience
morale*.

Jér. Bentham (1748-1832).

Bentham lui aussi est surtout moraliste, mais sa
morale est très différente. Comme Hobbes, il croit
que la fin de la vie humaine est l'intérêt personnel ;
la morale ne sera donc qu'un code de l'égoïsme, et
devra tout calculer pour avoir la plus grande
somme possible de plaisir, en tenant compte de
l'intensité, de la durée, de la proximité, etc., des
différents plaisirs. — La *vertu* et l'*intérêt* ne sont
pas d'ailleurs séparés, car la vertu est le plus sûr
moyen pour atteindre le bonheur. Ce dernier prin-

cipe permet à Bentham d'affirmer qu'il n'y a pas, par conséquent, d'opposition entre les intérêts individuels et l'intérêt général. La justice envers autrui est en même temps le bonheur pour chacun : caractère philanthropique, par ses conclusions sociales, de cet égoïsme individuel.

CHAPITRE VII

PHILOSOPHIE FRANÇAISE AU XVIIIᵉ SIÈCLE

I. *Philosophes naturalistes*

Influence considérable en France de la philosophie de Locke, introduite par Voltaire, et de la physique de Newton ; prédominance croissante de l'esprit d'observation et d'expérience.

CONDILLAC (1715-1780).

Biographie. — L'abbé Etienne BONNOT DE CONDILLAC, né à Grenoble, 1715. Venu à Paris avec son frère aîné, l'abbé de Mably, il entre dans l'état ecclésiastique, sans en remplir d'ailleurs les fonctions; puis se tourne vers les lettres et la philosophie, et se met en rapport avec Rousseau, Diderot, Helvétius. En 1757, sa réputation le fait nommer précepteur du jeune duc de Parme, petit-fils de Louis XV, et en 1768, il entre à l'Académie française. Il refuse en 1774 les fonctions de précepteur des enfants du Dauphin, et meurt, 1780.

Principaux ouvrages — *Essai sur l'origine des connaissances humaines*, 1746; — *Traité des systèmes*, 1749; — *Traité des sensations*, 1754; —

Traité des animaux, 1755, en réponse aux critiques de Buffon sur le *Traité des sensations;* — *Cours d'études* (composé pour son élève), 1769-1773 ; — *Logique*, 1780.

Doctrine. — Sa doctrine reproduit celle de Locke, sauf en un point important. Locke reconnaissait l'activité de l'âme, en donnant deux sources à toute notre connaissance, la sensation, et la *réflexion ;* Condillac croit être plus logique en tirant la vie psychologique tout entière (*facultés intellectuelles* ou entendement, *facultés morales* ou volonté), de la seule sensation : c'est la théorie de la *sensation transformée;* l'*attention* est dès lors une sensation dominante, le *jugement* (toujours *comparatif*) n'est qu'une double attention ; la *réflexion* est l'attention s'appliquant à différentes idées associées entre elles ; enfin le moi n'est qu'une collection de sensations, etc. — Objection : On n'explique par là ni les fonctions supérieures de l'intelligence (raison), ni la volonté, ni même l'expérience toute seule. La statue douée de sens que Condillac imagine, et dans laquelle il prétend nous faire voir la naissance successive et le développement des diverses facultés toutes issues de la sensation, doit avoir une activité par soi, ou elle n'est rien.

DIDEROT (1713-1784).

La philosophie de DIDEROT, exposée surtout dans les *Pensées philosophiques* (1746) et dans les *Pensées sur l'interprétation de la nature* (1754), est non pas comme on le dit quelquefois un matérialisme, mais une sorte de panthéisme naturaliste, prenant quelquefois le ton ému, lyrique et mystique.

La Mettrie (1709-1751) et D'Holbach (1722-1789).

Tous deux professent un matérialisme absolu, et croient exclusivement à un mécanisme aveugle dans la nature.

Helvétius (1715-1771).

Helvétius s'occupe principalement du point de vue moral. Il s'efforce, après Hobbes, de montrer (surtout dans son livre De l'Esprit, 1758), que la loi de la conduite humaine est l'intérêt individuel ; la morale est ainsi une *physique des mœurs*. La morale sociale a du reste la même base que la morale personnelle, et la loi doit se préoccuper avant tout de la recherche du plus grand bonheur possible, de façon, dit-il, que « il n'y aurait de vicieux que les fous, et que tous les hommes seraient nécessités à la vertu. »

II. *Philosophes rationalistes.*

Montesquieu (1689-1755).

La philosophie de Montesquieu n'est guère spéculative, c'est exclusivement une philosophie sociale (surtout dans l'*Esprit des lois*, 1748). Comme Platon et les stoïciens, il attribue une origine rationnelle à la *loi* positive : « Les lois sont les rapports nécessaires qui dérivent de la nature des choses », émanant « d'une raison primitive » : ce qui n'empêche pas d'ailleurs les lois d'être toutes relatives, parce que dans leurs applications il faut considérer des circonstances infiniment variées. Cette relativité des lois est la condition d'une évolution et d'un développement progressif des sociétés : mais Montesquieu a une trop grande tendance à donner de cette évolution une explication historique et nécessaire, se gardant de toute interprétation à priori. — Théorie des diverses sortes de gouvernement : — 1o Despotisme, reposant sur la crainte ; — 2o Monarchie, dont le ressort est l'honneur, « vertu toute de convention »; — 3o La « vertu politique » (amour de la patrie et de la liberté), est la base de la république ; — 4e Gouvernement mixte ou représentatif (il en donne comme modèle celui de l'Angleterre); nécessité de la séparation des pouvoirs législatif, exécutif, judiciaire.

Réformes juridiques (suppression de la torture, création du jury), et sociales (protestation contre l'esclavage ; réclame la tolérance religieuse). — Montesquieu partout plus juriste que vraiment philosophe. — Ses tendances libérales.

Voltaire (1694-1778)

Biographie. — François-Marie Arouet, né à Paris, 22 novembre 1694, d'une famille du Poitou ; son père était Trésorier de la Chambre des Comptes. Il perdit sa mère à sept ans, et fut mis de bonne

heure au collège Duplessis, où il charma et scandalisa ses maîtres. Il entra dans la diplomatie, sous le
patronage de son parent, le marquis de Châteauneuf,
ambassadeur en Hollande, puis fut mis par son père
chez un procureur, où il ne travailla pas davantage.
Ses débuts dans la poésie satirique lui firent attribuer (quoique à tort) une satire contre le Régent,
et il fut mis à la Bastille. Le Régent l'en fit bientôt
sortir, et malgré l'opposition de son père à sa vocation, il fit représenter *Œdipe* (1718), suivi de quelques autres essais. Il prit alors d'un domaine mater-
nel le nom de *Voltaire*, et commença une vie
mondaine et laborieuse, fréquentant surtout les
grands seigneurs et la cour, et donnant furtivement
une première édition de la *Henriade* (1725).

Pour avoir voulu se venger par les armes d'une
insolence du duc de Rohan, il fut mis une seconde
fois à la Bastille, et quand il en sortit, six mois
après, il s'exila en Angleterre (1726). Sa vie nouvelle et instructive dans un pays dont il ne connais-
sait rien, et au milieu d'une société extrêmement
libérale, ne lui faisait pas cependant oublier Paris,
et grâce à Maurepas, il rentra en France, devenu
désormais plus circonspect (1730).

Au prodigieux succès de sa *Henriade* vinrent s'a-
jouter les applaudissements que soulevèrent ses tra-
gédies, de 1730 à 1752; mais le *Temple du goût* et
surtout les *Lettres philosophiques* firent tant de
bruit qu'il dut se retirer chez la marquise du Châ-
telet, à Cirey en Lorraine. Dans l'intervalle, il avait
pu, non sans beaucoup d'opposition, entrer à l'Académie française (1746). En 1731, avait paru l'*His-*

loire de Charles XII, qui devait être suivie du *Siècle de Louis XIV*, des *Lettres anglaises*, de la *Philosophie de Newton*.

Cédant aux instances du Prince royal de Prusse (depuis le grand Frédéric), Voltaire partit pour Berlin (1750), où moyennant une pension de 20,000 livres et le titre de chambellan, il devait corriger les vers de Sa Majesté. Après trois ans de rapports difficiles, il rentra en France, où il comprit qu'il ne serait pas bien reçu à Paris. C'est alors qu'il alla s'établir aux *Délices*, près de Genève (1755), et se fixa définitivement à *Ferney* (1758), où il put jouir d'une absolue indépendance, admiré et applaudi de loin par la plupart, maudit et détesté par quelques-uns : c'est dans cette période de sa vie qu'il fit en effet le plus de bien et le plus de mal. Il publia l'*Essai sur les Mœurs*, l'*Histoire du Parlement de Paris*, la *Philosophie de l'Histoire*, le *Dictionnaire philosophique*, le *Commentaire sur Corneille* (dont il dota la nièce). Adulé par plusieurs souverains, arbitre de l'opinion en France, où on lui élève une statue en 1770, il vient enfin jouir à Paris d'un dernier triomphe et mourir, le 30 mai 1778.

Philosophie de Voltaire. — Il faut distinguer les idées philosophiques proprement dites de Voltaire et sa philosophie sociale. Les idées philosophiques, éparses en cent endroits, peuvent se résumer en une croyance très nette à la morale (notions du devoir, du juste et de l'injuste), à la liberté, à l'existence de Dieu ; sa métaphysique est à peu près nulle, parce qu'il la soumet invariablement à l'insuffisante épreuve du sens commun, ou la subordonne à la morale. Par ces idées, Voltaire s'oppose au courant de l'empirisme du dix-huitième siècle. Sa philosophie sociale peut se résumer dans ce seul mot, *tolérance* : réformes de la justice dans un sens libéral et plus humain, liberté de conscience, gouvernement représentatif, etc.

J.-J. Rousseau (1712-1778).

Biographie. — Né à Genève, 28 juin 1712, d'un père artisan ; sa mère mourut en le mettant au monde. La lecture de Plutarque et des romans du dix-septième siècle, dès son enfance, éveille son ardente imagination et son exaltation pour les grands et nobles sentiments. Il fut d'abord apprenti, puis fugitif et errant en Suisse et en Italie, recueilli par Mme de Warens, qui cultiva son intelligence et l'instruisit ; puis il fut successivement catéchumène à l'hospice de Turin, où il abjura le calvinisme pour le catholicisme, employé au Cadastre, professeur de musique à Lausanne et à Chambéry, précepteur à Turin, secrétaire d'ambassade à Venise. Il vient à Paris en 1741, avec un opéra, le *Devin du village*, trouve un généreux patronage auprès de Mme d'Epinay, puis, entre comme commis de caisse chez un fermier général ; il se lie bientôt avec Diderot et Grimm. C'est à cette époque de sa vie qu'il faut rapporter une union honteuse, et l'indignité de sa vie privée, malgré un enthousiasme sincère pour le bien, le grand et l'honnête. Les vicissitudes d'une vie si agitée et un orgueil indomptable le conduisent à s'attaquer à la société (*Discours sur l'inégalité parmi les hommes*), c'est-à-dire à la civilisation tout entière.

De 1755 à 1765, s'étend la période la plus féconde de sa vie : *Profession de foi du Vicaire Savoyard;* — *Nouvelle Héloïse* (1759) ; — *Lettre à d'Alembert sur les Spectacles;* — *Emile ou Traité sur l'éducation*. Misanthrope, aigri et susceptible, il se fit de nombreux et irréconciliables ennemis (Voltaire, Diderot, entre autres), se croyant poursuivi et persécuté. — Les dernières années de sa vie (1765-1778), sont les plus tristes; il reçut l'hospitalité successivement chez le prince de Conti, et chez M. de Girardin, à Ermenonville, où il mourut, 3 juillet 1778, après avoir peut-être abrégé ses souffrances et ses remords par le suicide. — Les *Confessions* furent publiées après sa mort.

Doctrines de Rousseau. — Distinguer deux parties dans les idées philosophiques de Rousseau : 1° Sa philosophie proprement dite : c'est un spiritualisme peu original (*Profession de foi du Vicaire Savoyard*), liberté, immatérialité et immortalité de l'âme, providence de Dieu, morale élevée où le sentiment tient la première ou plutôt la seule place ; — 2° Philosophie politique : Apôtre de la démocratie, il croit trouver le fondement de la société humaine dans un contrat *librement* discuté et *librement* accepté (Rousseau diffère, malgré des ressemblances, de Hobbes et de Spinoza), dont le but est la sauvegarde la plus entière possible de la liberté indivuelle. La souveraineté n'appartient donc pas à un monarque, mais à tous, c'est-à-dire à la *loi :* mais le gouvernement direct de tous par tous est impossible pratiquement, et on doit avoir recours au *système représentatif*, lequel n'est, il est vrai, qu'un pis-aller.

CHAPITRE VIII

PHILOSOPHIE ÉCOSSAISE AUX XVIII° ET XIX° SIÈCLES

THOMAS REID (1710-1796).

Biographie. — Thomas REID, né à Strachan, 1710, fit sa philosophie au collège d'Aberdeen, puis devint bénéficier du collège 1737, et pasteur dans sa ville natale, comme son père ; en 1752, il est nommé Professeur de philosophie au Collège d'Aberdeen, puis à l'Université de Glascow, en remplacement d'Adam Smith. Il y mourut, 1796.

Principaux ouvrages. — *Recherches sur l'entendement humain ; — Essai sur les facultés intellectuelles de l'homme ; — Essai sur les facultés actives de l'homme.* — Ces trois ouvrages ont été traduits par Jouffroy.

Doctrine. — 1° Réfutation des idées représentatives (Locke, Hume, Berkeley), et de l'idéalisme qui en résulte : la perception est le rapport immédiat entre deux termes réels, l'esprit et l'objet ; l'idée est l'acte par lequel l'esprit saisit intuitivement les choses ; — 2° Affirmation de notions primitives, de jugements universels et nécessaires (notions morales, principes du *sens commun...*) qui ne peuvent venir de la sensation; — 3° Analyses pénétrantes de la mémoire, de l'association, du jugement esthétique, de la volonté, classification des inclinations premières; — 4° Le *sens moral* est le criterium de la loi de la conduite humaine.

La philosophie de Reid est une *psychologie descriptive, écartant* autant que possible la *spéculation métaphysique.*

DUGALD-STEWART (1753-1828).

Biographie et principaux ouvrages. — Né à Édimbourg, 1753, fut élève de Reid, puis devint Professeur de philosophie morale à l'Université d'Édimbourg, mourut en 1828. Il a laissé: les *Essais philosophiques*, les *Éléments de la philosophie de l'esprit humain*, les *Esquisses de philosophie morale.*

Doctrine. — 1° Importance plus grande donnée à l'association des idées en psychologie; 2° Morale du devoir très nettement exposée, désintéressement, perfectionnement moral.

W. HAMILTON (1788-1856).

Biographie. — Né à Glascow, 1788, fit ses études au Collège d'Oxford, puis revint à Édimbourg, où il entra au barreau, occupant tous ses loisirs par la philosophie. Nommé Professeur de droit civil et d'histoire à l'Université en 1821 ; puis déjà connu par des articles de philosophie de 1829 à 1839, Professeur de logique et de métaphysique en 1836;

commença une édition des œuvres de Reid, 1847, restée inachevée, puis édita Dugald-Stewart, 1854. Mort en 1856 à Edimbourg.

Principaux ouvrages. — *Discussions sur la philosophie*, 1866, recueil d'articles publiés du vivant d'Hamilton ; — *Leçons de métaphysique*, 1861 (où il n'est presque question que de psychologie) ; — *Leçons de logique*, publiées aussi après sa mort.

Philosophie d'Hamilton. — 1º Hamilton a subi fortement l'influence de *Kant* (voy. chap. suivant). Théorie de la *Relativité de la connaissance:* nous ne pouvons rien connaître dans son essence absolue, parce que la connaissance est le rapport entre l'objet pensé et le sujet pensant, et que l'objet connu est toujours par conséquent *relatif* à nous, et aux lois de notre pensée : « *penser c'est conditionner* » ; donc l'Absolu est inconnaissable (mais, ajoute Hamilton, il est objet de *foi*, pour des raisons morales et religieuses). De même nous ne pouvons atteindre le *moi* par la conscience ; la conscience n'est pas une faculté à part, elle n'est que le mode général et fondamental de toutes nos facultés, et n'a d'autre objet que les faits par lesquels se manifestent ces facultés (cependant nous avons une *intuition* ou *croyance* de l'existence du moi). — 2º En logique, Hamilton a innové dans la théorie du syllogisme, par sa théorie de la *quantification du prédicat*. (Voy. nos *Réponses aux questions du programme de philosophie.*)

—————

CHAPITRE IX

PHILOSOPHIE ALLEMANDE AUX XVIIIe ET XIXe SIÈCLES.

EMM. KANT. (1724-1804).

Biographie. — Né à Kœnigsberg (Prusse), 22 avril 1724 ; son père était d'origine écossaise, et faisait le métier de sellier. Il fit toutes ses études dans sa ville natale, y prit ses grades, et y enseigna toute sa vie, d'abord comme précepteur dans plusieurs familles, puis comme Répétiteur (1735) et enfin comme Professeur (1770), à l'Université. Il professa dans la première période toutes les sciences successivement, et depuis 1770 seulement son enseignement fut consacré à la métaphysique, jusqu'en 1793, où il dut enfin se reposer. Il mourut à Kœnigsberg, 1804 (12 février). Sa vie, comme sa doctrine, fut dominée par les préoccupations de l'ordre moral.

Principaux ouvrages. — *Critique de la*

raison pure, 1781 ; — *Critique de la raison pratique*, 1788 ; — *Critique du jugement*, 1799; — *Principes métaphysiques des mœurs*, 1797 ; — *Principes métaphysiques du droit ;* — *Religion dans les limites de la raison.*

Doctrine. — 1° **Analyse de la Critique de la Raison pure.** — Kant dans sa jeunesse fut le disciple de Wolf, et par conséquent l'adepte des idées de Leibnitz ; puis la lecture de Hume vient le *réveiller du sommeil dogmatique.* Pour échapper au scepticisme, il soumet à un examen approfondi les principes de la connaissance, et fait la *critique* de nos facultés de connaître.

Comme Aristote, Kant admet trois facultés, les *sens,* l'*entendement,* la *raison ;* et dans chacune il fait la part, comme lui aussi, de la matière et de la forme.

A. *Esthétique transcendentale,* ou Théorie de la *sensibilité* (connaissance sensible). La *matière* de la connaissance sensible est la *sensation,* dont les éléments multiples se fondent en une *intuition* par l'application des notions premières de *temps* et d'*espace (formes à priori de la sensibilité),* qui nous font connaître l'ordre de succession, ou la coexistence des choses :

ces notions ne sont que des lois de la pensée, et n'ont pas d'objet réel.

B. *Analytique transcendentale*, ou théorie du jugement, ou de l'entendement. — Les intuitions sensibles sont particulières ; l'entendement a pour fonction de les transformer en idées générales ou *concepts*, par le *jugement*, c'est-à-dire en leur appliquant l'une des *catégories*. Les divers jugements et les diverses catégories se correspondent ainsi :

QUANTITÉ.

Jugements : individuels, particuliers, universels
Catégories : unité, pluralité, universalité.

QUALITÉ.

Jugements : affirmatifs, négatifs, limitatifs.
Catégories : réalité, négation, limitation.

RELATION.

Jugements : catégoriques, hypothétiques, disjonctifs.
Catégories : substance et accident, cause et effet, action réciproque.

MODALITÉ.

Jugements : problématiques, assertoriques, apodictiques.
Catégories : possible et impossible, être et non être, nécessaire et contingent.

Ces *catégories* de l'entendement ne sont que les diverses manières dont nous lions les intuitions sensibles ; ce ne sont donc comme les *formes* de la sensibilité, que des lois de la pensée, a priori et subjectives.

C. *Dialectique transcendentale.* — Les *concepts* de l'entendement sont réduits à l'unité par la Raison, ou faculté propre de la métaphysique : la Raison ramène ainsi à trois termes ou *idées* (qui ne sont que les formes de l'*inconditionnel* ou *absolu*), les trois séries de conditions auxquelles on peut réduire toutes nos connaissances : l'idée de l'*âme* humaine (Psychologie rationnelle), l'idée du *monde* (Cosmologie rationnelle), l'idée de *Dieu* (Théologie rationnelle).

Les *formes* de la sensibilité et les *catégories* de l'entendement sont les lois à priori d'après lesquelles nous concevons les *phénomènes* (τὰ φαινόμενα, les apparences des choses) ; les *idées* de la Raison sont les conditions suprêmes à priori de la pensée, au moyen desquelles nous mettons [l'ordre et l'unité dans la connaissance, en concevant les *noumènes* (τὰ νοούμενα, les réalités pensées et *affirmées*, mais *sans pouvoir être connues telles qu'elles sont*). La

Raison n'a le droit de rien affirmer légitime-
ment sur l'*essence* de l'âme, de l'univers, de
Dieu, parce qu'elle n'est que la faculté suprême de la connaissance *subjective*. — Si
elle veut franchir ces limites extrêmes de la
connaissance, pour appliquer les lois de
l'esprit aux *choses en soi*, elle tombe dans des
contradictions ou *antinomies* insolubles : — Le
monde est éternel, le monde a commencé ; le
monde est fini, le monde est infini ; — la matière est divisible à l'infini, la divisibilité à
l'infini est inconcevable ; — le déterminisme est la loi du monde, la liberté existe ; —
tout est contingent, Dieu existe.

Conclusion générale de la Critique de la
Raison pure : Nous ne connaissons rien en soi,
mais seulement relativement aux *lois* de la
pensée, qui n'ont de valeur que *dans la pensée* et ne peuvent être d'aucun emploi objectif. C'est l'*idéalisme transcendental*, juste milieu, à ce que croit Kant, entre le dogmatisme
leibnitzien et le phénoménisme pur de Hume.

**Appréciation de la Critique de la
Raison pure.** — Kant a le mérite, comme il
le dit lui-même, d'avoir opéré une révolution
en philosophie semblable à celle de Copernic

en astronomie ; de même que Copernic a montré qu'il faut déplacer le *centre* du monde, il déplace le *centre* de la connaissance ; ce n'est plus l'*objet*, c'est le *sujet* : d'où la *critique* de notre faculté de connaître, montrant que c'est l'objet qui reçoit l'empreinte du sujet, et non le contraire. — Mais on peut objecter : 1° Comment le *phénomène*, qui est *donné*, peut-il s'accorder avec les lois de l'entendement, et concorder de tous points et dans tous les cas, avec elles ? — 2° Si les phénomènes viennent des noumènes, dont ils sont les manifestations, le principe de causalité a une valeur objective, ce qui est contraire à la Critique. — 3° Kant a le tort irréparable d'employer une méthode tout objective dans sa théorie de la connaissance et de ne pas voir que les catégories de l'entendement ont leur origine dans le fait primitif de conscience, et que là elles s'appliquent indubitablement à une réalité, le *moi*, (cause, substance, identique...) ; il a le tort d'aller de la métaphysique à la psychologie, au lieu de faire le contraire.

2° **Critique de la Raison pratique.** — La raison ne doit pas être envisagée seulement

au point de vue *théorique*, mais aussi au point
de vue *pratique*. La Raison pratique donne à
la volonté le principe du *devoir :* ce principe
impose à la volonté une obligation incondi-
tionnelle et absolue, et commande en *impératif catégorique.* Nul n'a mieux montré que
Kant, le caractère rigoureux et *objectif* du devoir, et n'a plus contribué à ruiner la morale
intéressée. La formule du devoir est : « Agis
toujours d'après une maxime qui puisse être
érigée en loi universelle ; » autres formules
(*Métaphysique des mœurs*) : « Agis de telle
sorte que, soit dans ta personne soit dans la
personne d'autrui, tu traites toujours l'humanité comme une fin » ; l'homme en effet, être
raisonnable et libre, *personne* en un mot, ne
saurait être traité comme *moyen*, à la manière
d'une chose, et est une *fin en soi.*

Si le devoir s'impose par l'obligation,
l'homme est *libre ;* le rapport nécessaire entre
la vertu et le bonheur est garanti par l'existence d'un être tout puissant et saint, *Dieu ;* —
l'harmonie du bonheur, et de la vertu n'est
jamais complète dans la vie actuelle, donc
l'âme est immortelle. — Ces trois réalités sont
les *postulats* de la loi morale.

Kant rétablit ainsi, en se plaçant à un point de vue moral, et par la *croyance*, ce qu'il déclarait inaccessible à la *connaissance* spéculative.

Critique du Jugement. — Deux parties : 1° *Critique du jugement esthétique* : analyse du sentiment du *beau* et du sentiment du sublime ; — 2° *Critique du jugement téléologique* : la finalité (τέλος, fin) est ou *interne* (comme dans l'organisme), ou *externe* (rapport de moyen à fin entre deux choses distinctes.)

Jugement général sur Kant. — L'originalité de Kant consiste dans la subordination de la métaphysique, impuissante toute seule, à la morale, à l'aide de laquelle nous sortons du sujet et rétablissons l'objectivité sur la *certitude morale*.

Biographie : Passa toute sa vie à Kœnigsberg, où il fit toutes ses études, et professa jusqu'à un âge fort avancé.

Principaux ouvrages : *Critique de la Raison pure* ; *Critique de la Raison pratique* ; *Critique du Jugement.*

1º Métaphysique (*Critique de la Raison pure*) : Trois facultés de connaissance, sens, entendement, raison, dont les lois constituent la *forme* de la connaissance.

Sensibilité. Formes *à priori* du temps et de l'espace, pures lois de l'esprit.

Entendement, faculté du jugement. Catégories *a priori*, qui n'existent aussi que dans la pensée.

Raison pure. Idées *à priori*, du moi, du monde, de Dieu, lesquelles ne sont que des idées.

Nous ne connaissons que des *phénomènes*, apparences des *noumènes* (réalités en soi), conformément aux lois de l'esprit. Les noumènes sont inconnaissables (antinomies).

— La critique aboutit à l'idéalisme transcendental.

2º Morale (*Critique de la Raison pratique*). Notion objective du devoir et de la loi morale (impératif catégorique), s'adressant à une personne libre, et fin en soi. Postulats de la loi morale : liberté, Dieu, immortalité.

La Raison pratique atteint ainsi ce que la Raison pure ne peut atteindre, par d'autres procédés : certitude morale.

Kant (1724-1804).

Doctrine.

CHAPITRE X

LES SUCCESSEURS DE KANT

FICHTE (1762-1814).

Biographie. — FICHTE, né en 1762, dans la Haute-Lusace, termina ses études au collège d'Iéna. Il fut précepteur dans plusieurs familles, puis professeur à Iéna et à Berlin. Il applaudit, comme Kant, à la Révolution française, et contribua par son ardente propagande antifrançaise pendant l'occupation de 1806-1807, à enflammer le patriotisme de la jeunesse allemande. Mort, en 1814.

Principaux ouvrages. — *Doctrine de la science*, 1792 ; — *Système de morale*, 1798 ; — *Destination de l'homme*, après 1800 ; — *Méthode pour arriver à la vie bienheureuse*, 1806 ; — *Essai critique de toute révélation*...

Doctrine de l'idéalisme subjectif. — Fichte est le plus célèbre des disciples de Kant, et celui dont la doctrine, essentiellement morale, se rapproche le plus de celle du maître. Voulant faire disparaître l'antinomie kantienne, qui subsiste malgré tout au point de vue spéculatif entre le sujet et l'objet, il absorbe l'objet dans le sujet. Le sujet existe donc seul, et prend ainsi une valeur absolue, c'est le *moi absolu*. Le moi est libre, et *se pose lui-même en vue du bien ;* il tend donc sans cesse vers un idéal qui n'est supérieur au réel que parce qu'il n'est jamais actuellement réalisé ; la raison d'être du moi est ainsi le *devoir* qu'il s'impose lui-même de poursuivre la réalisation de l'idéal. Donc le moi n'*est* pas ; il *doit* être, et par conséquent il *devient* toujours sans jamais *être absolument.* « Philosopher, dit Fichte, c'est se convaincre que l'être n'est rien, et que le devoir est tout. » — Le moi, en se posant lui-même, pose aussi le *non-moi*, qui n'est que les divers *arrêts* du moi dans son développement : il se pose ainsi à lui-même des *limites* qu'il recule sans cesse, et ces conquêtes successives du moi sont autant de progrès vers le bien.

Tel est l'*idéalisme subjectif* de Fichte, qu'il appelle un *spinosisme retourné*, et qui est en somme un panthéisme idéaliste. Le moi, en effet, n'est autre chose que la substance absolue de Spinoza ; seulement la loi de son développement, au lieu d'être une nécessité aveugle, est le devoir réalisé par la liberté. Fichte tombe donc sous les reproches adressés à tout système panthéiste, malgré les notions morales qu'il y introduit, et qui forment contradiction avec le fond de la doctrine. Le moi et le non-moi sont deux réalités distinctes, et relatives l'une et l'autre à un être parfait qui les a créées, Dieu.

SCHELLING (1775-1854).

Biographie. — Né dans le Wurtemberg, 1775 ; fait ses études de philosophie et de théologie à Tu-

bingen, puis suit les leçons de Fichte à Iéna. Il enseigne à son tour à Iéna, à Wurtzbourg, à Munich,
à Berlin. Il mourut en 1854.

Principaux ouvrages. — *Philosophie de la
nature*, 1797 ; — *Système de l'idéalisme transcen-
dantal*, 1800 ; — *Bruno*, ou *Du principe divin et
naturel des choses*, 1802 : — *Philosophie et religion*, 1804 ; — *Recherches sur la liberté humaine*,
1809.

Système de l'idéalisme objectif. — L'imagination vive de Schelling, son amour pour la nature, le firent bientôt sortir du subjectivisme absolu
de Fichte, qu'il avait d'abord accepté. Il rétablit
le non-moi distinct du moi (d'où le nom de philosophie de la nature), et les fait dériver l'un et l'autre d'un principe supérieur, la *raison absolue*, in-
différente en soi, impersonnelle, qui les renferme
tous deux dans une *identité* essentielle. L'absolu,
en se développant devient matière et esprit, et engendre ainsi la nature et l'homme ; le moi et le
non-moi ne sont donc distingués que par abstrac-
tion, ils ne sont que les faces différentes et opposées
de l'absolu en voie de développement. Tout se ramène, en définitive, à la raison diversement réalisée,
et suivant une marche de progrès : la nature est la
raison inconsciente, l'humanité est la raison se
pensant elle-même et prenant conscience de soi; le
développement moral et historique de l'humanité
est soumis à une loi de développement fatal, et les
époques de l'histoire ne sont que des phases diverses
de l'évolution universelle.

La connaissance que nous avons de l'absolu est la

plus certaine de toutes ; elle consiste en effet en une *intuition intellectuelle*, où le sujet et l'objet se confondent, et où il n'y a ni subjectivité ni conscience. La vie intellectuelle a trois degrés : 1º la *science*, qui est l'intuition spontanée de l'absolu ; — 2º l'*art*, qui ajoute la réflexion à cette spontanéité ; 3º la *religion*, par laquelle les esprits particuliers vont se perdre dans la réalité absolue dont ils ne sont que des parties et comme des fragments.

L'idéalisme objectif de Schelling aboutit donc à un mysticisme panthéiste, assez voisin de l'extase néo-platonicienne.

HEGEL (1770-1831).

Biographie. — Né à Stuttgard, 1770 ; étudia la théologie à Tubingen, se lia avec le jeune Schelling, puis enseigna à Iéna comme *privat-docent* jusqu'en 1807, époque où il dirigea le gymnase de Nuremberg. En 1816, fut nommé à l'Université de Heidelberg, et en 1818 à Berlin ; alors il commença la publication de ses ouvrages. Vint à Paris en 1827, où Cousin lui rendit son hospitalité. Mourut du choléra, 1831.

Principaux ouvrages. — *Phénoménologie de l'esprit*, 1807 ; — *Logique*, 1816 ; — *Encyclopédie des sciences philosophiques*, 1817 ; — *Principes de la philosophie du droit*, 1821.

Doctrine. — *Idéalisme absolu*, compromis entre l'idéalisme subjectif de Fichte et l'idéalisme objectif de Schelling. — Tout vient de l'absolu, qui est l'*Idée* ou la *Pensée*, l'essence de toute chose est donc rationnelle, donc la logique est toute la philosophie : les *êtres* de l'ancienne ontologie sont remplacés par des *idées*. L'*Idée absolue*, en se développant et se réalisant, devient d'abord *nature*, puis *esprit ;* l'esprit traverse des phases successives, d'abord *subjectif* (la conscience humaine n'est ainsi qu'un accident et n'est pas l'essence de la pensée), *objectif* (famille, cité, nation, lois, etc), *absolu* (art, religion, philosophie). L'absolu étant l'*Idée,* il y a identité fondamentale entre l'être et l'idée : l'éternel devenir de l'Idée engendre les contraires dans son développement, et le progrès *dialectique* par lequel s'explique tout ce qui est, procède invariablement par *thèse, antithèse, synthèse.*

— La logique hégélienne n'atteint que les rapports intelligibles des choses, elle ne peut arriver à *l'essence réelle :* le *panlogisme,* selon l'expression de Schelling, reste nécessairement dans l'abstrait pur, et ne saurait expliquer par une réalité si pauvre les réalités si riches dont se compose le monde. — De plus, elle est une autre forme du *panthéisme,* déjà reproché à Fichte et à Schelling : il n'y a plus d'opposition entre le bien et le mal, puisqu'ils sont à égal titre des phases du développement absolu ; il n'y a plus de liberté humaine, plus de personnalité divine, partout règne la nécessité inflexible, en un mot il n'y a plus de morale.

CHAPITRE XI

LES ADVERSAIRES DU KANTISME. — LE MATÉRIALISME. — SCHOPENHAUER.

Les doctrines de Kant, Fichte, Schelling, Hegel, ont été fortement combattues par JACOBI (1743-1819) au nom du sentiment, et par HERBART (1776-1841) au nom d'un réalisme modéré. Enfin à l'idéalisme, sous ces différentes formes, s'est opposée l'*Ecole matérialiste*.

ECOLE MATÉRIALISTE

Le matérialisme allemand, représenté surtout par MOLESCHOTT (*Circulation de la vie*), L. BÜCHNER (*Force et matière*), CARL VOGT (*Scènes de la vie morale, Lettres physiologiques*), est sorti de la doctrine hégélienne, en substituant l'éternel devenir de la matière à l'éternel devenir de l'Idée. Il n'y a rien d'absolu, de transcendant ; la seule réalité est la matière et le mouvement qui lui est inhérent, l'un et l'autre éternels : donc il n'y a point de Dieu, et la morale n'est qu'une phase de la physique universelle.

SCHOPENHAUER (1788-1860).

SCHOPENHAUER prétend, en ruinant la doctrine de

Hegel, revenir à la vraie tradition de Kant. Sa philosophie doit se distinguer en *métaphysique* et en *morale*.

Métaphysique. — Il n'y a de réel que ce que nous fournit l'expérience, et les plus hautes généralisations expérimentales constituent la *métaphysique* : le *transcendant*, c'est-à-dire Dieu, est inconnaissable, donc il n'est pas. Par cette métaphysique, Schopenhauer se place entre Kant (impuissance de la métaphysique), et Hegel (la métaphysique embrasse toute la réalité).

La cosmologie physique nous donne par la *représentation* le *phénomène* : mais le phénomène n'est pas la réalité en soi (Kant), et le *noumène* doit être donné par la cosmologie métaphysique, laquelle rend seule la *morale* possible. Le monde en effet (représentations) n'existe que par l'intelligence : or le sujet et l'objet sont deux termes corrélatifs, (milieu entre le matérialisme pur, et l'idéalisme pur); mais l'intelligence est *successive*, et elle *oublie* parfois : donc il faut que derrière l'intelligence il y ait une réalité véritable, fixe et constante au milieu des phénomènes, c'est la *volonté* (que Schopenhauer identifie d'ailleurs avec le *désir* et la *tendance*). Par analogie, nous trouvons partout hors de nous les manifestations de la *volonté*, qu'il ne faut pas confondre avec la *force*, qui est encore d'ordre phénoménal. Tout est ainsi volonté : notre corps n'est que volonté devenue objet. — La volonté est *universelle* (partout nous en voyons les manifestations), elle est *indestructible* (partout l'effort de vivre), elle est *absolue*, puisqu'elle est la réalité en soi (cf. noumène de Kant).

On peut répondre à Schopenhauer qu'une volonté non individuelle, et impersonnelle, est impossible à concevoir, et ne saurait exister.

Morale. — Etant donnée la métaphysique de Schopenhauer, sa morale ne peut comporter ni la liberté, ni le devoir, ni l'impératif catégorique. Il n'y a partout que des degrés divers d'expansion de l'activité universelle. Or jamais cette activité n'est satisfaite ; elle a toujours de nouvelles aspirations, de nouveaux besoins, c'est-à-dire qu'elle éprouve toujours de nouvelles souffrances. *Vivre* ou *vouloir* (c'est tout un), c'est donc *souffrir :* telle est la formule du *Pessimisme.* — Le remède que propose Schopenhauer est l'anéantissement, le nirvâna bouddhiste ; et la disparition des consciences entraînera la disparition du monde qui n'existe que par nos représentations.

Nous répondrons au pessimisme : Il est vrai que la loi de la vie est l'effort et la lutte : mais ce qu'il y a de pénible dans l'effort est bien compensé par la satisfaction que donne le résultat obtenu : et ainsi les conquêtes de la volonté, achetées au prix de la peine et de la souffrance, nous donnent les jouissances et les satisfactions les plus pures.

CHAPITRE XII

LA PHILOSOPHIE FRANÇAISE AU XIXᵉ SIÈCLE

Quatre écoles se partagent la philosophie en France au dix-neuvième siècle : 1° Théologique ou traditionaliste ; 2° Rationaliste ; 3° Socialiste ; 4° Positiviste.

I. — ÉCOLE THÉOLOGIQUE OU TRADITIONALISTE

Caractère général. -- Protestation contre la Révolution et réaction contre la philosophie du dix-huitième siècle.

DE MAISTRE (COMTE JOSEPH) (1754-1821)

Biographie. — Né à Chambéry, d'une famille du Languedoc, fils du président du Sénat de Savoie ; fit ses études sous les Jésuites. Chassé par l'invasion française en 1792, il émigra, vécut en Suisse, en Russie, à Venise, à la cour du roi de Sardaigne. Ambassadeur en Russie (1802-1817)), ministre d'État (1817-1821).

Principaux ouvrages. — *Considérations sur la Révolution française*, 1796 ; — *Lettres à un*

gentilhomme russe sur l'inquisition espagnole,
1815 ; — *Du pape,* 1819 ; — *Essai sur les principes
générateurs des constitutions politiques,* 1821 ; — *De
l'église gallicane dans ses rapports avec le souverain pontife,* 1821 ; — *Soirées de Saint-Pétersbourg,*
1821 ; — *Roman de la philosophie de Bacon,* 1836 ;
— *Lettres et opuscules,* 1853.

Doctrine. — Revendication du passé et de la
tradition : négation du progrès ; la base de la société humaine est l'infaillibilité papale ; la Révolution a été un châtiment de la Providence ; la chute
originelle a fait dans l'homme la raison faible et
obscure, la volonté perverse, d'où la nécessité des
gouvernements absolus, images de la cité de Dieu, et
celle des rigueurs de la justice ; par suite les sociétés, œuvres de l'homme, sont toutes mauvaises.
Pessimisme exprimé avec une amère et sombre ironie.

De Bonald (Vicomte) (1754-1840)

Biographie. — Né à Milhau ; émigra en 1791,
fut conseiller de l'Université sous l'Empire, député
en 1815, enfin pair de France.

Principaux ouvrages. — *Théorie des pensées
philosophiques et religieuses,* 1796 ; — *Recherches
philosophiques sur les premiers objets des connaissances morales ; — Législation primitive.*

Doctrine. — Mêmes revendications du passé que
de Bonald, même condamnation de la Révolution,
œuvre malsaine de la raison humaine, même intran-
sigeance avec les idées modernes. La raison individuelle, orgueilleuse et corrompue, ne peut faire que

le mal; vanité et dangers de la psychologie ; négation de l'innéité rationnelle. — L'homme a reçu de Dieu, par une révélation surnaturelle, conservée dans la tradition, les idées et les signes qui les expriment, c'est-à-dire le langage : cette langue primitive contenait toute la vérité, et les individus n'ont qu'à transmettre cette vérité à travers les âges sans l'altérer. — Maine de Biran a montré admirablement que le langage, c'est-à-dire l'association de signes à des idées, est d'invention humaine, et résulte de l'exercice et du développement naturel des facultés. — L'individu, dans une telle doctrine, n'est rien, il n'a que des devoirs, point de droits, et il doit être absolument soumis au pouvoir absolu qui est le représentant de Dieu sur la terre.

LAMENNAIS (L'ABBÉ DE) (1782-1854)

Biographie. — Né à Saint-Malo ; ardent ultramontain, bouillant et impétueux royaliste d'abord, puis se fait l'apôtre de la démocratie au nom du Contrat social de Rousseau. Lutte avec le clergé et avec le vatican ; le pape le condamne en 1832 comme rédacteur du journal l'*Avenir ;* opposition au gouvernement de Juillet.

Principaux ouvrages. — *Essai sur l'indifférence,* 1817 ; — *Paroles d'un croyant ;* — *Livre du peuple ;* — *Esquisse d'une philosophie,* 1841-1846.

Doctrine. — Plus exagéré encore que de Maistre et de Bonald, Lamennais condamne absolument la raison individuelle. Descartes est pour lui l'auteur de tous les maux qui ont fondu sur la société : l'incrédulité du dix-huitième siècle et la Révolution. La raison ne peut aboutir qu'à des contradictions, et finalement au scepticisme : la seule vérité est dans l'autorité du sens commun et le consentement universel. — On peut répondre que si les raisons individuelles sont trompeuses, elles ne pourront par leur réunion nous donner la vérité.

L'école traditionaliste n'a pas eu d'autres représentants que de Maistre, de Bonald, et Lamennais.

II. — ÉCOLE RATIONALISTE

Le rationalisme est une doctrine de conciliation : il rejette la métaphysique et la morale du dix-huitième siècle, mais accepte son libéralisme politique.

MAINE DE BIRAN (1766-1824)

Biographie. — Né à Bergerac ; garde du corps de Louis XVI ; commença à philosopher pendant les loisirs forcés que lui faisait la Révolution ; membre des Cinq-Cents, sous-préfet à Bergerac ; opposition à la fin de l'Empire ; conseiller d'Etat, puis député royaliste. Mort en 1824. Connu seulement comme philosophe vingt ans après sa mort, lorsqu'on eut découvert ses papiers.

Principaux ouvrages. — *Influence de l'habitude*, 1803 ; — *Examen des Leçons de philosophie de Laromiguière*, 1817 ; — *Œuvres philosophiques de Maine de Biran*, 4 volumes édités par M. Cousin, 1841 ; — *Œuvres inédites de M. de Biran*, 3 volumes in-8, 1859, rassemblées par M. Naville.

Doctrine. — D'abord disciple de Condillac comme Destutt de Tracy, et Laromigu.ère, ses contemporains ; puis il corrige le sensualisme en rétablissant la notion de l'activité du moi ; l'effort immanent et constant, c'est-à-dire la volonté, est le fond de notre être (correspondance avec Ampère) ; le moi est connu immédiatement comme une cause spirituelle et libre, existant en dehors du temps et de la succession des phénomènes. Il y a dans l'homme, trois espèces de vie : 1° vie animale (instinct) ; 2° vie humaine proprement dite (effort réfléchi) ; 3° vie spirituelle (volonté sous sa forme la plus élevée, amour mystique de la Perfection absolue, c'est-à-dire de Dieu).

V. Cousin a appelé M. de Biran « le plus grand métaphysicien qui ait honoré la France depuis Malebranche, » et Royer-Collard a dit : « Il est notre maître à tous. »

ROYER-COLLARD (1763-1845)

Biographie. — Né dans le département de la Marne ; accepta avec enthousiasme la Révolution, devint secrétaire de Bailly, puis se retira bientôt dans son pays. Député au conseil des Cinq-Cents, partisan de la monarchie ; nommé en 1811 à la chaire d'Histoire de la Philosophie à la Sorbonne : professeur éminent, orateur politique et écrivain remarquable ; grande indépendance de caractère. Son seul ouvrage est les *Fragments philosophiques*, publiés dans la traduction des *Œuvres de Reid*, par Jouffroy.

Doctrine. — Royer-Collard est l'un des fondateurs de la philosophie spiritualiste, surtout par les progrès qu'il fit faire, pendant son court enseignement, à la psychologie, et par ses efforts pendant qu'il fut à la tête de l'Instruction publique, pour détourner l'enseignement philosophique des doctrines du dix-huitième siècle.

V. Cousin (1792-1867)

Biographie. — Né à Paris, 28 novembre 1792. En sortant de l'Ecole normale, 1813, il y fut nommé Répétiteur de grec, puis Maître de conférences de philosophie, 1814 ; suppléant de Royer-Collard à la Sorbonne, 1815. Premier voyage en Allemagne, 1817 ; son cours, suivi par l'opposition libérale, fermé en 1820 ; il occupe ses loisirs forcés par la traduction de Platon, et une édition de Descartes. Second voyage en Allemagne, 1824.

Son cours est rouvert en 1828, avec ceux de Guizot et de Villemain. En 1830, il quitte l'enseignement pour la politique : successivement Conseiller d'Etat, Membre de l'Académie française, 1831 ; Conseiller de l'Instruction publique, pair de France ; Directeur de l'Ecole normale ; Ministre de l'Instruction publique, 1840. En 1849, il abandonne la vie publique, et se livre à des études littéraires et morales sur le dix-septième siècle.

Principaux ouvrages. — Introduction à l'*Histoire de la Philosophie* (cours de 1828), où est sa philosophie de l'histoire ; — *Histoire générale de la philosophie* ; — *Philosophie sensualiste du dix-huitième siècle* (cours de 1829) ; — *La philosophie de Locke* ; — *Philosophie écossaise* ; — *Philosophie* de *Kant* ; — *Fragments philosophiques* ; — *Etudes sur Proclus, sur Abélard* ; — *Traduction de Platon;* — *Du vrai, du beau, du bien*, 1853, résumé de toute sa philosophie.

Doctrine. — Prend pour maîtres M. de Biran et Royer-Collard pour la psychologie, Schelling et la philosophie allemande après Kant (dont il rejette le subjectivisme) pour la métaphysique. — Sa méthode et sa doctrine sont *éclectiques*, c'est-à-dire consistent à *choisir* (ἐκλέγειν) dans les diverses doctrines les solutions qui lui semblent les meilleures : on a remarqué souvent d'ailleurs que l'*éclectisme* suppose déjà une doctrine qui dirige le choix. L'ordre des questions, dit V. Cousin, doit être l'observation de la nature humaine (psychologie) d'abord, et le raisonnement, c'est-à-dire l'interprétation (métaphysique) après. — L'âme humaine se compose de sensibilité (Condillac), de volonté (M. de Biran), et de raison, faculté distincte et dominante. — La raison peut atteindre l'absolu : théorie de la *Raison impersonnelle*, intermédiaire entre la solution de Kant et celle de Schelling, et inspirée de Platon et de Malebranche : le vrai, le beau, le bien, sont les différentes formes de l'absolu, conçues par la raison soit seule, soit dans ses rapports avec la sensibilité et la volonté.

JOUFFROY (1796-1842)

Biographie. — Né dans le Jura. Professeur au collège Bourbon, 1817, puis à l'Ecole normale ; après la fermeture de l'Ecole, rédacteur au *Globe*. Professeur à la Sorbonne, 1830, député de 1831 à 1838.

Principaux ouvrages. — *Cours de Droit naturel*, inachevé ; — Traduction des *Esquisses de Philosophie morale*, de Dugald-Stewart (la préface de cette traduction est un vrai monument philosophique) ; — *Traduction de Reid ;* — *Mélanges philosophiques :* — *Nouveaux mélanges ;* — *Cours d'esthétique.*

Doctrine. — Jouffroy s'occupe peu d'ontologie, et prend surtout pour domaine la psychologie (mémoire sur la distinction de la psychologie et de la physiologie), la morale, l'esthétique. Observateur profond et sagace, il montre que le moi, cause libre, est connu directement par la conscience.

AUTRES DISCIPLES DE COUSIN

Les plus connus parmi les autres disciples remarquables de Cousin sont : DAMIRON (1794-1862), auteur de l'*Histoire de la philosophie au dix-septième siècle*, et de l'*Histoire de la philosophie au dix-neuvième siècle ;* — AD. GARNIER (1801-1864), auteur du *Traité des facultés de l'âme ;* — EM. SAISSET (1814-1863), le traducteur de Spinoza et de la Cité de Dieu de saint Augustin ; — le comte CH. DE RÉMUSAT (1797-1875).

RATIONALISME CHRÉTIEN

Le rationalisme chrétien compte des noms illustres : l'abbé BAUTAIN (1796-1867) ; — le P. GRATRY (1805-1872) ; — Mgr MARET.

III. — ÉCOLE SOCIALISTE

Caractère général. — Le socialisme n'a qu'un caractère métaphysique effacé, mais a exercé une grande influence au point de vue social ; il a pour base la morale sensualiste du dix-huitième siècle.

SAINT-SIMON (1760-1824)

Doctrine. — Dans le *Nouveau christianisme*, Saint-Simon propose une réorganisation sociale fondée en partie sur la science, en partie sur l'industrie, en partie sur la religion (interprétée d'une certaine manière).

L'homme est fait pour arriver au parfait bonheur, et la loi du progrès permet d'assurer qu'il y parviendra en ce monde, car l'âge d'or est au terme de son développement. Pour cela, il faut supprimer la propriété individuelle, et les plus capables seront chargés d'administrer les biens collectifs : voilà l'Économie politique. Voici la morale et la religion : le bonheur est surtout la satisfaction des appétits du corps, et la vie matérielle n'est pas inférieure à la vie spirituelle ; donc il faut « réintégrer la matière au sein de Dieu. » Le bonheur de l'humanité est remis à un Pontife suprême, infaillible, dont l'autorité doit être indiscutée.

Principaux disciples. —BAZARD, P. LEROUX (*L'Humanité*), J. RAYNAUD (*Terre et Ciel*) ; ces deux derniers ajoutent à la doctrine une sorte de

métempsychose morale. — CH. FOURIER (1772-1837).
Le but de la vie humaine est le plaisir : la période
transitoire de civilisation doit aboutir à une harmonie définitive, où tous les maux auront cessé
d'exister, et pour y arriver, il ne faut que suivre la
pente de la nature, et se laisser aller à tous ses penchants. Les inclinations sont dans le monde moral
ce qu'est l'attraction dans le monde physique : d'où
la nécessité de laisser les tendances et les passions
de chacun se développer en pleine liberté dans des
phalanstères, pépinières de l'humanité future. La
doctrine de Fourier donne une place à une apparente liberté, mais elle n'est pas moins défectueuse
que dans le Saint-Simonisme.

IV. — ÉCOLE POSITIVISTE

Caractère général. — Systématisation totale
des résultats obtenus par la science : l'absolu, objet
de la métaphysique, est inconnaissable, parce qu'il
n'est pas objet de science ; donc l'esprit doit réser-
ver et éloigner complètement cette question.

AUGUSTE COMTE (1798-1857)

Biographie. — Né à Montpellier, 1798 ; se lie
avec Saint-Simon (1818-1822); premier accès d'alié-
nation mentale, 1826 ; ouvre un cours de philosophie
positive, 1828 ; nommé en 1832 Répétiteur, puis
Examinateur d'admission à l'Ecole Polytechnique,
position qu'il perd en 1842. Ses amis vinrent en aide
à sa misère pendant toutes ses dernières années ; en

1845, seconds troubles nerveux qui le jettent dans le mysticisme : meurt en 1857.

Principaux ouvrages. — *Cours de Philosophie positive*, 6 vol., 1830-1842 ; — *Système de Politique positive*, 4 vol., 1851-1854 ; — *Synthèse subjective*, 1856.

Doctrine. — Aug. Comte, d'abord disciple de Saint-Simon, se sépara bientôt de lui, retenant de la philosophie du maître le principe de l'organisation de la société par la science. La science *positive* (fondée sur les faits) est tout : elle a passé par *trois états* successifs : 1° l'état *théologique*, pendant lequel l'homme donne comme causes au monde phénoménal, des êtres surnaturels et semblables à lui ; 2° l'état *métaphysique*, dans lequel l'homme explique l'univers par des entités abstraites (principes de la raison...) ; 3° l'état *positif*, où la science explique les phénomènes les uns par les autres : la philosophie n'est plus, dans cette période que la systématisation des sciences.

Cette *loi des trois états* est très discutable : les trois tendances, religieuse, métaphysique, scientifique, se retrouvent à toutes les époques de l'histoire de l'esprit humain. — En outre, il n'est pas vrai que la science soit incompatible avec la métaphysique, qui rend compte des rapports nécessaires ; il n'est pas vrai que la psychologie puisse être ramenée à la biologie, la morale à la sociologie et à l'hygiène sociale, la philosophie à la systématisation dernière des sciences.

Classification des sciences de Comte : les six sciences fondamentales, mathématiques, astronomie,

physique, chimie, biologie, sociologie, énumérées
dans leur ordre croissant de complexité. Les mathématiques expliquent l'astronomie, celle-ci la physique..., etc. ; le moins explique le plus, la matière
la vie, et la vie la pensée. Ce dernier point de vue
inadmissible.

Seconde philosophie de Comte, consistant dans un
retour à la religion, qui aboutit au fétichisme : le
grand Etre (Humanité), le grand Fétiche (Terre), le
grand Milieu (Espace), composent une Triade ou
Trinité, dont Aug. Comte s'intitule le Grand Pontife ; — cette seconde doctrine ne compte pas phi-
losophiquement.

Les disciples les plus illustres de Comte sont LIT-
TRÉ (1801-1881) qui vulgarisa et systématisa la
doctrine ; et J. STUART-MILL (1806-1873) en Angleterre (voy. plus loin).

CHAPITRE XIII

PHILOSOPHIE ÉTRANGÈRE AU XIXe SIÈCLE

1° *Philosophie italienne.*

Caractère général. — La philosophie italienne, sensualiste au dix-huitième siècle (GIOIA et ROMAGNOSI) sous l'influence de la France, devient rationaliste et même idéaliste au dix-neuvième.

Principaux philosophes. — GALLUPPI (1770-1846) s'inspira de Kant, et professa un demi-rationalisme : les lois de notre nature nous font affirmer la réalité du moi, du non-moi, de Dieu. — L'abbé ROSMINI (1797-1855) réduit les catégories kantiennes à une seule, l'idée d'Etre : l'*idéalité* de l'Etre est étudiée par l'idéologie et la logique (intuition intellectuelle); sa *réalité* par la psychologie, l'anthropologie et la cosmologie (expérience); sa *moralité* (rapport de l'idéalité et de la réalité), étudiée par la théodicée, l'ontologie, l'éthique, le droit, l'esthétique (raisonnement). L'Etre initial est une possibilité d'existence en développement ; la doctrine est donc une sorte de panthéisme. — L'abbé GIOBERTI (1801-1852) assigne pour objet à l'idée d'être une Réalité parfaite et infinie, connue par intuition en elle-même et dans les créatures par lesquelles elle se manifeste ; commença par confondre la philosophie et la théologie, subordonnant entièrement la première à la seconde, mais revendiqua après 1849 l'indépendance de la philosophie. — MAMIANI (né en 1799); sa doctrine est un idéalisme inspiré à la fois de Rosmini, de Gioberti et de V. Cousin.

2° *Philosophie anglaise.*

Caractère général. — De nos jours plus encore qu'au dix-huitième siècle, la philosophie anglaise procède tout entière de l'expérience.

STUART-MILL (1806-1873).

STUART-MILL est avant tout *psychologue* et *logicien.*
Psychologie. — Observation des faits, comme en physique : Tous les faits de l'âme se réduisent à des sensations, groupées et combinées par la loi d'association (rapports de contiguité et de ressemblance). — Toutes nos idées viennent de l'expérience ; les idées générales sont des associations habituelles de sensations; les habitudes intellectuelles les plus fortes constituent les notions les plus générales (causalité), lesquelles par conséquent ne peuvent nous être données que par une faculté spéciale (raison). — Le moi n'est qu'une collection d'états de conscience groupés par les lois de l'association ; le non-moi n'est qu'une possibilité permanente de sensations (idéalisme phénoméniste de Hume, continué).

Autres psychologues anglais appartenant à la même école : ALEXANDRE BAIN, SAMUEL BAILEY GEORGE LEWES.

Logique. — Lorsque deux idées sont associées habituellement dans l'esprit, elles forment un *couple*, et la conception de l'une fait attendre l'autre telle est l'induction qui n'est qu'une inférence du particulier au particulier. La déduction n'est possible que par l'induction préalable, dont elle n'est qu'une contre-épreuve.

Morale et Sociologie — L'homme n'est pas libre (déterminisme universel); la loi de la conduite est l'utilité ou l'intérêt. Il faut considérer dans les plaisirs, non seulement la *quantité*, mais la *qualité* (contradiction avec les principes de l'utilitarisme). Intérêt général, fondement de la morale ; association inséparable de l'intérêt individuel et de l'intérêt de tous; la morale réduite par là a l'*hygiène sociale*, et constituée en dehors de toute idée de *devoir* et de *droit :* le droit est un pouvoir que la société donne à l'individu, et grâce auquel il peut contribuer davantage au bien de tous. — Droit de propriété (confusion du droit et de l'intérêt, comme fondement de la propriété).

Métaphysique. — Stuart-Mill montre contre Hamilton que l'absolu n'est pas *inconcevable*, et doit être autre chose qu'un faisceau de contradictions ; — mais il est *inconnaissable*. Stuart-Mill fidèle en cela au positivisme.

CHARLES DARWIN (1809-1882).

Cosmologie. Théorie du transformisme.

— Il n'y a point de types fixes et permanents pour les êtres qui composent le monde ; les espèces sont en perpétuelle transformation, par la loi de la *lutte pour la vie* (struggle for life) d'où resulte la *sélection naturelle ;* les perfectionnements acquis sont transmis ensuite par hérédité. Le transformisme de Darwin, d'abord établi pour les espèces végétales et animales (*De l'origine des espèces*), étendu ensuite à l'homme (*Descendance de l'homme*).

Antécédents du transformisme dans Lamarck ; *Hœckel*, principal disciple de Darwin en Allemagne.

Conséquences dernières du transfo misme darwinien tirées par H. Spencer.

HERBERT SPENCER, né en 1820.

Évolutionnisme. — Théorie de l'universelle transformation dans la nature, par l'action des causes mécaniques qui régissent l'univers. Cette conception se retrouve dans toutes les parties de la philosophie de M. Spencer.

1° Cosmologie générale. — Principe essentiel : permanence de la force (emprunté au matérialisme) ; donc équivalence constante des forces, qui ne font que se transformer les unes dans les autres. La force agit toujours dans la direction de la plus faible résistance. Loi du rythme : évolution et dissolution « Toutes les choses grandissent ou dépérissent, accumulent de la matière ou l'usent. » L'évolution se fait toujours du simple *homogène* (par nature instable) ou complexe hétérogène. Ainsi se forme le monde entier, qui passe successivement par diverses phases : d'abord les composés matériels inorganiques, puis la vie, puis la pensée, puis les sociétés humaines, les gouvernements, les arts, les sciences, l'industrie. Après des siècles nombreux, la *différenciation* de l'homogène sera arrivée à son terme, par l'équilibre définitif des forces ; mais les forces continueront d'agir, et la dissolution détruira cet univers ; puis un autre renaîtra des débris de l'ancien, et ainsi à l'infini.

2° **Psychologie.** — L'âme humaine n'est qu'un anneau de l'immense chaîne de l'évolution. La connaissance se fait par une *adaptation* croissant en *spécialité* et en *complexité*, de la pensée et de la nature. Les *idées dernières de la science* (notions universelles de temps, d'espace..., etc.), sont les notions les plus générales, et sont innées dans l'individu, parce qu'elles sont transmises par voie d'*hérédité* dans l'espèce : d'où leur apparence *à priori*, dans l'individu seulement. (Insuffisance de cette théorie de la connaissance pour rendre compte de l'idée du moi et de sa distinction avec le non-moi).

3° **Morale et Sociologie.** — Tentative d'explication de l'apparition et du développement des notions morales par la loi universelle de l'évolution : la morale s'absorbe par là dans la *sociologie*. Les penchants égoïstes font place peu à peu aux penchants *altruistes*, et les progrès de l'altruisme garantissent de plus en plus la conciliation et l'équilibre des intérêts individuels dans l'intérêt général. Point de liberté, donc ni devoir, ni droit.

La morale évolutionniste n'est ainsi qu'un chapitre du naturalisme prêché par M. H. Spencer ; elle est au fond la négation de toute moralité, et les

équivalents qu'elle prétend donner des notions morales telles que la conscience humaine les découvre
en elle-même, ne sauraient les remplacer.

4° **Métaphysique**. — Spencer maintient ferme-
ment, contre le positivisme, la possibilité de concevoir
l'Absolu : il est *inconnaissable*, mais non *inconcevable*, et sa conception se retrouve au fond de toute
pensée d'où la légitimité de la métaphysique ; l'Absolu est présent à l'esprit, « non pas en tant que rien
mais en tant que quelque chose. » (Influence évidente
des doctrines kantiennes sur la philosophie de Spencer).

INDEX ALPHABÉTIQUE

DES NOMS D'AUTEURS

JOURNAL DES EXAMENS

DE LA

SORBONNE

PARTIE COMPRENANT

LES ÉPREUVES ÉCRITES ET ORALES

DU BACCALAURÉAT ÈS LETTRES

Paraissant pendant la durée des sessions

Chaque Numéro concernant le second Examen

PHILOSOPHIE

CONTIENT LES ÉPREUVES DE LA VEILLE

L'ensemble des feuilles comprend tous les sujets de *dissertation* et de *compositions scientifique* des questions posées à l'oral et les *noms des élèves reçus*. Depuis la session de Mars 1884, les textes sont suivis de *plans* rédigés par des professeurs spéciaux agrégés de l'Université et destinés à faciliter développement des *dissertations philosophiques* des compositions scientifiques.

ABONNEMENTS

Pour la session d'Avril. 2
Pour la session de Juillet. 3
Pour la session de Novembre. 3
Pour une année (3 sessions consécutives) 8

VENTE

A la fin des sessions, on réunit tous les numéros parus pour former des collections complètes qui sont mises en vente aux prix portés sur un catalogue spécial.

SAINT-QUENTIN — IMP. J. MOUREAU ET FILS